Die Rechtsgrundsätze

des

Königl. Preußischen
Ober-Verwaltungsgerichts.

Nach den gedruckten Entscheidungen zusammengestellt und mit Rücksicht auf die fortschreitende und auf die neuen Provinzen ausgedehnte Verwaltungsgesetzgebung erläutert

von

K. Parey
Königl. Verwaltungsgerichts-Direktor a. D.

Ergänzungsband 1889

enthaltend die Rechtsgrundsätze aus Band XV. und XVI. der Entscheidungen.

Berlin
J. J. Heines Verlag
1889.

Inhalt.

Anmerkung: Das Fehlen einzelner in dem Inhaltsverzeichnisse des Stammwerkes vorkommender Rubriken erklärt sich aus dem Umstande, daß zu diesen neuere Rechtsgrundsätze aus dem XV. und XVI. Bande der „Entscheidungen nicht zu verzeichnen waren.

Erste Abteilung.

Angelegenheiten der Kommunal- und staatlichen Verwaltungsbezirke.

Zweite Abteilung.

Kultus, Schule und Personenstand.

Dritte Abteilung.

Polizeiliche Angelegenheiten.

Vierte Abteilung.
Der Verwaltungsprozeß.

Erste Abteilung.

Angelegenheiten der Kommunal- und staatlichen Verwaltungsbezirke.

I.

Provinzialverbände.

B. Zwangsetatisierungen.

(Einzuschalten auf Seite 3, des ersten Ergänzungsbandes.)

Nr. 5.

Endurteil des II. Senats vom 22. November 1887 (Entsch. Bd. XV. S. 1).

1) Durch einen Beschluß des verpflichteten Kommunalverbandes, daß ein auf Grund des Gesetzes vom 13. März 1878 zur Zwangserziehung verwiesenes Kind endgiltig aus derselben zu entlassen ist, wird die Unterbringungspflicht des Kommunalverbandes nur dann beendet, wenn dieser Beschluß darauf beruht, daß der Zweck der Zwangserziehung erreicht oder anderweit sicher gestellt ist. Nur in diesen beiden Fällen und mit dem vollendeten achtzehnten Lebensjahre darf die endgiltige Entlassung des Zöglings beschlossen werden; ist weder der eine noch der andere gegeben, so kann nur eine widerrufliche Entlassung verfügt werden.

2) Beim Ableben eines Kindes kann von einer „Entlassung" des Zöglings nicht mehr die Rede sein, verfällt aber ein Zögling in unheilbare Geisteskrankheit, so liegt die rechtliche und thatsächliche Unmöglichkeit einer Zwangserziehung zu Tage. Tod und Irrsinn sind also niemals Gründe der „Entlassung" im Sinne des Gesetzes und ebensowenig angebliche „völlige Bildungsunfähigkeit" eines Zöglings.

3) Der Umstand, daß bei einzelnen Zöglingen nur mit außerordentlichen Mitteln ein wesentlicher Erfolg der Erziehung zu erzielen ist, erscheint nicht geeignet, den Provinzialverband seiner Verpflichtung gänzlich zu entheben.

4) Vergl. Endurteil vom 14. Oktober 1880 (Stammwerk S. 211, Nr. 2).

II.

Kreise.

A. Wahlangelegenheiten.

(Einzuschalten hinter S. 15 des ersten Ergänzungsbandes.)

Nr. 41.

Endurteil des II. Senats vom 2. Juli 1888 (Entsch. Bd. XVI. S 1).

1) Ein Großgrundbesitzer, welcher in den für drei Jahre als solcher aufgestellten Verzeichnisse aufgeführt ist, kann ein Stimmrecht bei der Wahl der

Kreistagsabgeordneten nicht mehr ausüben, wenn er sein Besitztum innerhalb des dreijährigen Zeitraums und vor der darauf folgenden Wahl verkauft hat.

2) Wenn bei einem Wahlgange eine ungültige Stimme beteiligt ist, so herrscht, sofern sich eine Majorität von einer Stimme ergiebt, völlige Unsicherheit darüber, ob es notwendig gewesen wäre, zu einer engeren Wahl zu schreiten, wenn jene Stimme nicht mitzählte, während andrerseits, wenn jene Stimme mitzählte, unter Umständen kein Grund vorlag, die betreffende Wahl anzuzweifeln. Unter solchen Umständen fällt die Entscheidung über die Wahl mit der Entscheidung über die Gültigkeit oder Ungültigkeit jener einzelnen Stimme zusammen.

3) Der Grundsatz sub 1 kann nicht aus dem Schlußsatze des § 96 der altländischen Kreisordnung (Hannover § 52, Hessen-Nassau § 53, Westfalen und Rheinprovinz § 44, Schleswig-Holstein § 82) hergeleitet werden, denn unter den dort erwähnten „Erfordernissen", mit deren Fortfall der Verlust des Wahlrechts eintritt, sind lediglich die vorher unter a. und b. gedachten Eigenschaften, nicht aber diejenigen Vorbedingungen zu verstehen, von deren Vorhandensein die Aufnahme in das Verzeichnis der zum Wahlverbande der größeren Grundbesitzer gehörigen Grundbesitzer u. s. w. abhängt. Außerdem bedarf es auch in diesem Falle der Heranziehung des § 96 gar nicht, denn die Fortdauer der Berechtigung — hier also des Rechtes eines Gutsbesitzers, im Wahlverbande der größeren ländlichen Grundbesitzer ein aktives Wahlrecht auszuüben, auch nach dem Fortfalle der einzigen Grundlage dieser Berechtigung, d. h. nachdem er aufgehört hat, im Kreise ein solches Grundeigentum zu besitzen, welches dereinst seine Aufnahme in das Verzeichnis nötig machte und gerechtfertigt erscheinen ließ (§§ 86 und 110 der altländischen Kreisordnung, Hannover §§ 42 und 66, Hessen-Nassau §§ 43 und 67, Westfalen und Rheinprovinz §§ 36 und 54, Schleswig-Holstein §§ 72 und 96) — wäre eine Anomalie, die nur dann als vom Gesetzgeber gewollt und als bestehendes Recht anerkannt werden könnte, wenn sich eine unzweideutige Norm dieses Inhaltes vorfände.

4) Bei vorkommendem Besitzwechsel kann der Besitznachfolger ein Stimmrecht für sich nicht beanspruchen, vielmehr können solche neu eintretende Korporationsmitglieder zur Ausübung ihrer Rechte erst nach Ablauf des gesetzlich vorgeschriebenen Trienniums gelangen.

5) Mit dem Geiste des Gesetzes und mit den Grundsätzen, nach denen sich das Teilnahmerecht in der Vertretung des Kreises regelt, steht es im Widerspruch, daß der Eigentümer eines seine Eigenschaft als Großgrundbesitzer bedingenden Gutes, nachdem letzteres im Laufe der wesentlichen drei Jahre etwa einem anderen Kreise zugeschlagen oder zerstückelt oder im Ganzen veräußert ist, oder daß der Eigentümer eines untergegangenen, nicht wieder hergestellten Gebäudes fortwährend als Großgrundbesitzer des Kreises fungiert. In derselben Weise widerspricht es dem Geiste des Gesetzes, wenn eine Persönlichkeit, die an der Ausübung ihres Wahlrechtes behindert ist, weil sie sich im Konkurse befindet oder ihr die Verfügung über ihr Wahlrecht genommen ist, demnächst als Großgrundbesitzer wieder in Aktion tritt, nachdem der Konkurs durch Versilberung oder Verteilung der Masse beendigt und der Beteiligte statt der bis dahin ihm entzogenen Vermögensverfügung nunmehr die Substanz verloren hat.

Nr. 42.

Endurteil des II. Senats vom 26. Juni 1888 (Entsch. Bd. XVI. S. 10).

Diese Entscheidung enthält einen Rechtsgrundsatz zur Erläuterung des Zusammenhanges zwischen den §§ 48 und 49 der hannoverschen Kreisordnung vom 6. Mai 1884. Der § 49 enthält die gesetzliche Regel über die Ausgleichung der sich bei der Verteilung der städtischen Kreistagsabgeordneten ergebenden Bruchteile; dieselbe soll keine Anwendung finden bei der nach § 48 zu bewirkenden Feststellung der Voraussetzung, unter welcher mehrere Städte eines Kreises behufs der Wahl mindestens eines gemeinschaftlichen Abgeordneten zu einem Wahlbezirke vereinigt werden. Derselbe Grundsatz dürfte anwendbar erscheinen auf §§ 92, 93 der altländischen, 49, 50 der hessen-nassauischen, 40, 41 der westfälischen und rheinischen und §§ 78, 79 der schleswig-holsteinischen Kreisordnung.

Nr. 43.

Endurteil des II. Senats vom 13. Januar 1888 (Entsch. Bd. XVI. S. 13).
(Selbstverw. 1888, S. 67.)

Bei Berechnung der Grund- und Gebäudesteuerbeträge behufs Aufnahme in die Wählerliste des Großgrundbesitzes gemäß § 42 der hannoverschen Kreisordnung sind nur diejenigen Grundstücke zu berücksichtigen, welche dem Aufzunehmenden selbst gehören, nicht auch diejenigen, welche von seiner Ehefrau nach Hoya'schem Meierrechte in die Ehe eingebracht sind, oder welche dieselbe in stehender Ehe überkommen hatte. Dem § 42 der hannoverschen Kreisordnung entspricht der § 86 der altländischen, der § 43 der hessen-nassauischen, der § 35 der westfälischen und rheinischen und der § 72 der schleswig-holsteinischen Kreisordnung, indessen dürfte der obige Grundsatz bei der Eigentümlichkeit der hannoverschen Zustände in den anderen Provinzen schwerlich eine Anwendung finden.

B. Kreisabgaben.

Nr. 118.

(Einzuschalten auf S. 35 des ersten Ergänzungsbandes)

Endurteil des II. Senats vom 30. September 1887 (Entsch. Bd. XV. S. 17).

1) Das Kommunalsteuer-Not-Gesetz vom 27. Juli 1885 beschäftigt sich lediglich mit den auf das Einkommen gelegten Abgaben. Hieraus erfolgt, daß ein Anspruch aus § 13 dieses Gesetzes wegen Doppelbesteuerung in den Fällen nicht hergeleitet werden kann, wenn die mit der Einkommensabgabe konkurrierenden Abgaben nicht bloß nach dem Einkommen, sondern auch nach den an dem betreffenden Orte veranlagten Grund- und Gebäudesteuern berechnet sind.

2) So lange nicht feststeht, wie hoch sich das Einkommen eines Reklamanten aus den verschiedenen ihm zufließenden Steuerquellen beläuft, kann das Gesetz vom 27. Juli 1885 nicht zur Anwendung gebracht werden.

3) Die Bestimmungen des Gesetzes vom 27. Juli 1885 sind auf die hannoverschen Wegeverbandslasten überhaupt nicht anwendbar. Zwar gehören diese hannoverschen Landstraßen-Umlagen an sich zu den Kreislasten im Sinne des § 10 der Kreisordnung für die Provinz Hannover vom 6. Mai 1884, sie unterscheiden sich aber wesentlich von den regelmäßigen Kreisabgaben, wie sie in Gemäßheit der §§ 10—16 dieser Kreisordnung erhoben werden; dies bringt der Schlußsatz des § 10 bestimmt zum Ausdruck, woraus abermals folgt, daß auch die Bestimmungen der Kreisordnung wegen Unzulässigkeit der Doppelbesteuerung (§ 16) sich auf die hannoverschen Wegeverbandslasten nicht beziehen.

4) Die hannoversche Wegegesetzgebung kennt eine forensalische Einkommenbesteuerung bei Veranlagung der Landstraßen-Umlagen überhaupt nicht, es kann

also auch eine Doppelbesteuerung desselben Einkommens (in Domizilkreise und in Forensalkreise) niemals eintreten.

5) Unter „Eingesessenen“ versteht die hannoversche Wegegesetzgebung diejenigen Personen, welche innerhalb des Verbandes — jetzt überall des Kreises — ihren Wohnsitz haben. Siehe Endurteil des III. Senats vom 31. Mai 1886 — Entsch. Bd. XIII. S. 53, I. Supplementband S. 34, Nr. 116. —

6) Stadtkreise können nach § 101 Abs. 2 der hannoverschen Kreisordnung niemals Kreisabgaben in Gemäßheit der §§ 10 ff. der Kreisordnung erheben, denn dieselben decken ihre Bedürfnisse in ihrer Eigenschaft als Kreisverbände regelmäßig durch Gemeindesteuern, auf solche bezieht sich aber der § 13 des Gesetzes vom 27. Juli 1885 nicht.

7) Während die eigentlichen Kreislasten als Zuschläge zu den einzelnen Staatssteuern in der Weise erhoben werden, daß jeder Zuschlag sich als eine besondere Abgabe kennzeichnet (siehe Stammwerk S. 38 Nr. 21 und S. 57 Nr. 50), muß bei den hannoverschen Wegeumlagen zunächst der Gesamtbetrag der anrechnungsfähigen Steuern – also der Grund-, Gebäude-, Klassen- u. s. w. und Gewerbesteuern — zusammengerechnet werden, und von dieser Gesamtsumme gelangt dann der erste Steuerthaler (3 Mk.) bei der ersten Umlage mit 50 Pf., jede weitere volle Mark aber überhaupt mit 4⅙ Pf. zum Ansatz.

Nr. 119.

Endurteil des I. Senats vom 14. Januar 1888 (Entsch. Band XVI. S. 21).

1) Der § 11 der altländischen Kreisordnung (und auch der übrigen Kreisordnungen) schreibt vor, daß das Kreisabgabensoll für die einzelnen Gemeinden und selbständigen Gutsbezirke im Ganzen berechnet und denselben zur Unterverteilung auf die einzelnen Steuerpflichtigen nach demselben Maßstabe zur Einziehung sowie zur Abführung im Ganzen an die Kreiskommunalkasse überwiesen werden soll. Hierdurch werden die einzelnen Verwaltungsorgane der Gemeinden und Gutsbezirke (die Gemeindevorsteher, Gutsvorsteher, Vollstreckungsbeamten u. s. w.) nicht zu Organen der Kreisverwaltung für die Einziehung der Kreissteuern, sondern es werden die Gemeinden und Gutsbezirke als solche zu Selbstschuldnern des Kreises bezüglich des*) für sie im Ganzen berechneten und zur Abführung im Ganzen überwiesenen Kreisabgabensolls.

2) Für etwaige Versehen und Veruntreuungen (Unterschlagungen) seitens der Gemeindebeamten sind die letzteren lediglich der Gemeinde verhaftet, nicht aber dem Kreise, dessen Anspruch an die Gemeinde durch die Handlungen der Beamten dergestalt unberührt bleibt, daß bei nicht vollständiger Einzahlung der fehlende Betrag in Gemäßheit des § 35 des Zuständigkeitsgesetzes vom 1. August 1883 im Wege der Zwangsetatisierung eingezogen werden kann. (Ministerial-Erlaß vom 28. August 1886 — Min.-Bl. d. i. V. S. 199.)

3) Die im § 35 des Zuständigkeitsgesetzes vorgesehene „Feststellung“ der einzelnen Gemeinde gegenüber erfolgt nicht durch den bloßen Beschluß des Kreisausschusses über die Repartition, sondern erst durch die „Ueberweisung“ des für die einzelnen Gemeinden im Ganzen berechneten Kreisabgabensolls an diese zur Einziehung und zur Abführung im Ganzen. Diese „Ueberweisung“, dies Ausschreiben des Gemeindesteuersolls auf eine einzelne Gemeinde hat durch den Kreisausschuß zu erfolgen (§ 134, Nr. 2. der altländischen Kreisordnung, Hannover § 91, Hessen-Nassau § 92, Westfalen und Rheinprovinz § 79, Schleswig-Holstein § 122); der Kreisausschuß stellt also im Sinne des § 35 des Zu-

*) Im Band XVI. der Entscheidungen S. 22 steht „der“.

ständigkeitsgesetzes die der Gemeinde gesetzlich obliegende Leistung innerhalb seiner Zuständigkeit fest.

4) Gegen diese Feststellung hat die Gemeinde gemäß § 19 der Kreisordnungen das Rechtsmittel der Beschwerde und Klage insoweit, als sie ein von dem rechtlichen Interesse der einzelnen Zensiten verschiedenes, mit demselben sich **nicht** deckendes Interesse an der Bemessung der Steuersumme hat. Letzteres ist der Fall, wenn bei der Berechnung des Kreisabgabensolls Irrtümer untergelaufen sind, welche durch Klage des Einzelnen nicht beseitigt werden können, z. B. wenn in dem Soll Beträge für Personen enthalten sind, auf welche, weil sie beim Beginn des Steuerjahres bereits verstorben waren, eine Unterverteilung nicht ausführbar ist. Hier bleibt als das zur Reklamation und Klage berechtigte Subjekt nur die Gemeinde übrig. — Siehe Friederichs, Kreisabgabe S. 139.

5) Außerdem kann sich der Umfang der einer Gemeinde für ein Steuerjahr auferlegten Leistung noch ändern durch Nachforderungen an Kreisabgaben seitens des Kreisausschusses, durch welche sich das Steuersoll erhöht, und durch Befreiungen und Ermäßigungen, welche der einzelne Zensit im Wege der Reklamation erlangt und durch welche sich das Gesamtsteuersoll der Gemeinde entsprechend vermindert. (Wie den einzelnen Gemeinden und Gutsbezirken die gegen das Soll entstehenden Zugänge zu Gute kommen, so liegt ihnen andrerseits dem Kreise gegenüber auch die Deckung der Abgänge und Ausfälle ob. — Rechtsgrundsätze, Stammwerk S. 30 —). Solche einzelne Akte der Verwaltung oder der Verwaltungsrechtsprechung sind selbst „Feststellungen" im Sinne des § 35 des Zuständigkeitsgesetzes.

6) Der Beschluß des Kreisausschusses, welcher eine Reklamation als begründet anerkennt oder ein verwaltungsgerichtliches Endurteil gleichen Inhaltes haben nicht die rechtliche Wirkung, daß dadurch allein die Verbindlichkeit der Gemeinde, einen gemäß des § 11 der Kreisordnung eingezogenen Kreissteuerbetrag auch an den Kreis abzuführen, beseitigt werde, so daß der **Kreis** schuldig wäre, dem Zensiten die zu Unrecht erhobene Steuer zu erstatten. Die ursprüngliche Feststellung des von der Gemeinde abzuführenden Kreissteuersolls kann zu Gunsten der Gemeinde nur etwa dadurch geändert werden, daß der Kreisausschuß dieser gegenüber das abzuführende Steuersoll ohne Rücksicht auf die stattgehabte Einziehung der zu erstattenden Steuer ausdrücklich um diese herabsetzt.

Nr. 120.

Endurteil des I. Senats vom 12. Mai 1888 (Entsch. Bd. XVI. S. 28).

Die Vorschrift in § 19 Abs. 2 der Kreisordnungen (vergl. auch § 151 der schleswig-holsteinischen), nach welcher Einsprüche gegen die Höhe von Kreiszuschlägen zu den direkten Staatssteuern, welche sich gegen den Prinzipalsatz der letzteren richten, unzulässig sind, findet nur Anwendung auf die in § 10 a. a. O. erwähnten Zuschläge, nicht aber auf die Quoten der zufolge § 15 a. a. O. nach den für die Veranlagung der Staatssteuern bestehenden gesetzlichen Vorschriften durch den Kreisausschuß zu ermittelnden fingierten Prinzipalsätze. Um solche fingierte Prinzipalsätze handelt es sich, wenn der Eisenbahnfiskus zu den Kreissteuern eingeschätzt wird, obwohl er von seinen Liegenschaften und von den Gebäuden der betreffenden Station Staats-, Grund- und Gebäudesteuern nicht zu entrichten hat. Muß demzufolge durch den Kreisausschuß eine fingierte Einschätzung derselben nach den Grundsätzen für die Veranlagung der Staats-, Grund- und Gebäudesteuer, unter Anwendung des für die Kreisabgabe bestimmten Anteilsverhältnisses erfolgen, so ist auch gegen das Ergebnis dieser Einschätzung Einspruch und Klage nach § 19 a. a. O. gegeben.

Nr. 121.

Endurteil des II. Senats vom 24. Januar 1888 (Entsch. Bd. XVI. S. 30).

1) Das Kommunalsteuergesetz vom 27. Juli 1885 beschäftigt sich überhaupt nicht mit der Regelung des Steuerrechts der Kreise und enthält daher auch nicht die anderweite gesetzliche Regelung der Kommunalbesteuerung auf diesem Gebiete, welche in den Eisenbahn-Verstaatlichungsgesetzen in Bezug genommen ist. Vielmehr richtet sich die Steuerpflicht der verstaatlichten Eisenbahnen den Kreisen gegenüber nach den bisherigen gesetzlichen Vorschriften.

2) Beseitigt sind dagegen auch auf dem Gebiete der Kreisbesteuerung, gemäß § 13, Gesetz vom 27. Juli 1885 die älteren Veranlagungsgrundsätze, soweit sie mit den Vorschriften dieses Gesetzes im Widerspruch stehen. Dahin gehört namentlich die Bestimmung der Verstaatlichungsgesetze, daß der Einkommensberechnung als Steuereinheit der Direktionsbezirk zu Grunde zu legen ist. Vielmehr sind nunmehr gemäß § 5, Abs. 1 a. a. O. die gesamten staatlichen und für Rechnung des Staates verwalteten Eisenbahnen als eine abgabepflichtige Unternehmung anzusehen.

Nr. 122.

Endurteil des II. Senats vom 24. Januar 1888 (Entsch. Bd. XVI. S. 34).

Die Vorschrift des § 7c des Kommunalabgabengesetzes vom 27. Juli 1885 findet auf die Kreisbesteuerung keine Anwendung, weil es bei dieser an dem vorausgesetzten Thatbestande — dem Gegensatz zwischen Kreisen, welche bereits vor diesem Gesetze den Eisenbahnen gegenüber abgabeberechtigt waren, und solchen, welche es erst durch das Gesetz geworden sind — fehlt.

Nr. 123.

Endurteil des I. Senats vom 25. Februar 1888 (Entsch. Bd. XVI. S. 38).

Ein am 30. Juli 1887 aus der Provinz Hannover nach der Provinz Westfalen versetzter und verzogener Beamter wurde laut eines ihm am 26. Juli 1887 nachgesandten Steuerzettels zu den für das Jahr 1887/88 ausgeschriebenen Wegeabgaben herangezogen (Hannoversches Wegegesetz vom 28. Juli 1851, § 2 der hannoverschen Kreisordnung vom 6. Mai 1884). Der auf Freilassung von dieser Abgabe gerichteten Klage wurde stattgegeben, weil seine Verbandsangehörigkeit im Laufe des Rechnungsjahres fortgefallen war, was die Freiheit von diesen Verbandslasten zur Folge hatte, soweit dieselben erst nach jenem Zeitpunkte zur Ausschreibung gelangten. Auf die hannoverschen Wegeverbandsabgaben findet die Vorschrift des § 1 des Gesetzes vom 18. Juni 1840 (G.-S. S. 140), in der Provinz Hannover eingeführt durch Gesetz vom 12. April 1882 (G.-S. S. 297) Anwendung. Daraus folgt, daß diejenigen, welche zur Zeit der „Ausschreibung“ einer bestimmten Abgabe bereits aufgehört haben, Angehörige der Korporation und damit überhaupt abgabepflichtig zu sein, auch zu dieser Abgabe nicht mehr herangezogen werden können.

C. Veränderung der Kreisgrenze und Bildung neuer Kreise.

Nr. 12.

(Einzuschalten auf S. 40 des ersten Supplementbandes)

Endurteil II. Senats vom 1. November 1887 (Entsch. Bd. XV. S. 9).

1) In dem Auseinandersetzungsverfahren zwischen mehreren zu einem Kreise vereinigten Aemtern gemäß § 111 der hannoverschen Kreisordnung vom

6. Mai 1884 treten als Parteien auf einerseits der Kreis, andererseits die einzelnen alten Aemter, letztere nach § 112 das. vertreten durch ihre Vertreter auf dem gemeinsamen Kreistage. Da eine Kollision der Interessen zwischen diesen Parteien die Regel bildet oder doch in jedem Falle möglich ist, so kann weder der Kreistag noch der Landrat als auch nur zur vorläufigen Vertretung eines Amtes, z. B. zur Entgegennahme von Bescheiden und Beschlüssen für dasselbe mit den rechtlichen Wirkungen der Zustellung, befugt angesehen werden. Fehlt es an einer zur Vertretung des Amtes berufenen Person, so muß entweder ein Bevollmächtigter bestellt werden, oder die Zustellung an die sämtlichen einzelnen Vertreter erfolgen. Vergl. Endurteil vom 27. Mai 1886 (I. Supplementband S. 40 Nr. 11).

2) Der § 112 der hannoverschen Kreisordnung hat, wie dies schon der Begriff „Auseinandersetzung" mit sich bringt, eine solche im Auge, die ohne Beschränkung auf eine vorab begränzte Periode und ohne den Vorbehalt einer sich notwendig periodisch wiederholenden Genehmigung alsbald zu definitiver Regelung der Verhältnisse führen und die gegenseitigen Ansprüche der beteiligten Verbände aus den durch die Kreisordnung geschaffenen Veränderungen endgültig für immer ausgleichen soll.

III.

Städte.

A. Städtische Gemeindeabgaben.

Nr. 47.

(Einzuschalten auf S. 57 des I. Supplementbandes)

Endurteile des II. Senats vom 13. Mai u. 10. Juni 1887 (Entsch. Bd. XV. S. 22 u. 31).

1) Im Streitverfahren gegen Beschlüsse der Gemeindevertretung in den ihr durch § 10 des Zuständ.-Ges. zugewiesenen Angelegenheiten*) ist die Klage gegen die Gemeindevertretung als Beklagte und nicht gegen den Magistrat zu richten. Der Beschluß der Gemeindevertretung ist in diesem Falle nicht als die Entscheidung einer außerhalb der Parteien stehenden Behörde anzusehen, gegen welche als Rechtsmittel die Klage gegeben wäre; sondern die Gemeindevertretung beschließt namens der Gemeinde als deren durch spezielle gesetzliche Vorschrift hierzu berufene Vertreterin und vertritt folgerecht die Gemeinde auch in dem weiteren Verfahren. In Hannover ist das Bürger-Vorsteher-Kollegium die Gemeindevertretung.

---

*) Dieser § 10 lautet wörtlich:

§ 10.

Die Gemeindevertretung beschließt:

1) auf Beschwerden und Einsprüche, betreffend den Besitz oder den Verlust des Bürgerrechts, insbesondere des Rechts zur Teilnahme an den Wahlen zur Gemeindevertretung, sowie des Rechts zur Bekleidung einer den Besitz des Bürgerrechts voraussetzenden Stelle in der Gemeindeverwaltung oder Gemeindevertretung, die Verpflichtung zum Erwerbe oder zur Verleihung des Bürgerrechts, beziehungsweise zur Zahlung von Bürgergewinngeldern (Ausfertigungsgebühren) und zur Leistung des Bürgereides, die Zugehörigkeit zu einer bestimmten Bürgerklasse, die Richtigkeit der Gemeindewählerliste;
2) über die Gültigkeit der Wahlen zur Gemeindevertretung;
3) über die Berechtigung zur Ablehnung oder Niederlegung von Aemtern und Stellen in der Gemeindeverwaltung oder Vertretung, über die Nachteile, welche gegen Mit-

2) Durch § 1 des Freizügigkeits-Gesetzes vom 1. November 1867 ist es untersagt, die Erwerbung von Grundeigentum zu verhindern oder an lästige Bedingungen zu knüpfen. Dagegen werden die bestehenden Bestimmungen, wonach der Besitz von Grundeigentum zum Erwerbe des Bürgerrechts und zur Entrichtung von Bürgerrechtsgeld verpflichtet, hierdurch nicht berührt.

3) Die Entrichtung des hannoverschen Bürgergewinngeldes hat den Charakter als Gemeindelast; ihre besondere Natur, wonach sie „für die Erteilung des Bürgerrechtes“ stattzufinden hat, begründet die Fälligkeit in dem Zeitpunkte, wo der Beteiligte das Bürgerrecht erwirbt. Einen Gegensatz zwischen „Lasten der Zukunft“ und einer „von anderen Bürgern schon früher entrichteten Extrasteuer“ giebt es nicht.

4) Auch der § 13 der Reichs-Gewerbe-Ordnung ist nur dahin zu verstehen, daß zwar die Zulassung zum Gewerbebetriebe nicht von dem Besitze des Bürgerrechtes abhänge, daß aber demnächst der Gewerbtreibende zur Erwerbung des Bürgerrechtes angehalten werden dürfe.

Nr. 48.

Endurteile des II. Senats vom 26. April und 16. September 1887 (Entsch. Bd. XV. S. 36 und 39).

1) Ein selbständiger Gutsbezirk ist als eine Wohnsitzgemeinde im Sinne des Kommunalabgabengesetzes vom 27. Juli 1885 nicht anzusehen, weil der Zensit in demselben zu einer Gemeinde-Einkommensteuer nicht herangezogen wird.

2) Der § 13 a. a. O. hat Kommunalverbände höherer Ordnung (Kreise und Provinzen) im Gegensatz zu den Gemeinden, Kreis- und Provinzialabgaben im Gegensatz zu den Gemeindeabgaben im Auge und findet daher auf Stadtkreise, da in diesen Kreisabgaben nicht erhoben werden, überhaupt keine Anwendung.

3) Der § 16 der verschiedenen Kreisordnungen bringt in seinem allein entscheidenden dispositiven Teile zum klaren und bestimmten Ausdrucke, daß das ganze Einkommen, welches dem Abgabepflichtigen aus seinem außerhalb des Domizilkreises belegenen Grundeigentum oder stattfindenden Gewerbe- und Bergbaubetriebe zufließt, bei Feststellung des im Domizilkreise zu veranlagenden Einkommens außer Berechnung gelassen werden muß, was durch Absetzung der bezüglichen Einkommensquote von dem zur Staatssteuer veranlagten Gesamteinkommen und durch verhältnismäßige Herabsetzung des festgestellten Steuersatzes zu geschehen hat, und er schließt damit die Heranziehung von Einkommen aus außerhalb des Domizilkreises belegenem Grundeigentume und stattfindenden Gewerbetriebe schlechthin aus — mögen nun diese Einkommensquellen sich in einem Landkreise, in einem Stadtkreise oder im Auslande befinden, und mag

---

glieder der Stadtgemeinde wegen Nichterfüllung der ihnen nach den Gemeindeverfassungsgesetzen obliegenden Pflichten, sowie über die Strafen, welche gegen Mitglieder der Gemeindevertretung wegen Zuwiderhandlungen gegen die Geschäftsordnung nach Maßgabe der Gemeindeverfassungsgesetze zu verhängen sind.

Einsprüche gegen die Richtigkeit der Wählerliste sind während der Dauer der Auslegung der letzteren, Einsprüche gegen die Gültigkeit der Wahlen zur Gemeindevertretung innerhalb zwei Wochen nach Bekanntmachung des Wahlergebnisses und in allen Fällen bei dem Gemeindevorstande zu erheben.

In dem Geltungsbereiche der Kurhessischen Gemeindeordnung vom 23. Oktober 1834 ist die Gemeindewählerliste nach vorgängiger öffentlicher Bekanntmachung zwei Wochen hindurch auszulegen, und finden die in Betreff der Einsprüche gegen die Gemeindewählerliste getroffenen Bestimmungen auch auf Einsprüche gegen das Verzeichnis der hochbesteuerten Ortsbürger Anwendung.

das aus ihnen fließende Einkommen dort rechtlich der Besteuerung unterliegen oder nicht, thatsächlich besteuert sein oder nicht (vergl. Endurteil vom 10. Mai 1883, Stammwerk S. 65, Nr. 67).

4) Durch den § 169 Abs. 2 der altländischen Kreisordnung (Hannover § 101, Hessen-Nassau § 102, Westfalen und Rheinprovinz § 89, Schleswig-Holstein § 132 [nach dem Entwurfe]) hat nur ausgesprochen werden sollen, daß die Stadtkreise Steuern, welche etwa als „Kreisabgaben" betrachtet werden könnten, weil sie zur Deckung von Kosten, die gesetzlich den Kreisen obliegen, bestimmt sind, nicht nach den Bestimmungen des zweiten Abschnitts ersten Titels der Kreisordnung, sondern lediglich nach Maßgabe der für die Gemeindebesteuerung bestehenden Vorschriften erheben dürfen.

5) Der durch § 16 der Kreisordnungen geschaffene Rechtszustand hat durch das Kommunalsteuer-Notgesetz vom 27. Juli 1885 eine Aenderung nicht erfahren. Die Bestimmungen der §§ 13 und 9 dieses letzteren Gesetzes decken sich mit dem § 16 der Kreisordnungen nicht dergestalt, daß sie als durch denselben ohne Weiteres ersetzt angesehen werden könnten. Ein Besteuerungsrecht, welches bisher durch den § 16 der Kreisordnungen positiv ausgeschlossen war, hat durch das Steuer-Notgesetz nicht neu — gewissermaßen stillschweigend — eingeführt werden sollen.

Nr. 49.

Endurteil des II. Senats vom 1. April 1887 (Entsch. Bd. XV S. 41).

1) Ein Rechtsanwalt gehört als solcher nicht zu den Gewerbetreibenden im Sinne des Gesetzes vom 27. Juli 1885. Hat ein Rechtsanwalt ein Büreau an einem andern Orte, als an dem seines Wohnsitzes, so ist er an dem ersteren Orte nicht kommunalsteuerpflichtig, sofern er nicht auch dort einen Wohnsitz oder einen die Steuerpflicht begründenden Aufenthalt hat.

2) Ein — wenn auch als Nahrungs- und Erwerbsquelle erwählter und verfolgter — Beruf, dem die Eigenschaft eines öffentlichen Amtes beiwohnt, fällt niemals unter den Begriff eines „Gewerbes". Der preußischen Gewerbesteuergesetzgebung und dem § 6 der Reichsgewerbeordnung kommt eine für die Entscheidung dieser Frage wesentliche Bedeutung nicht zu.

3) Der Beruf des Rechtsanwaltes stellt sich zwar nicht dar als ein öffentliches Amt im engeren und eigentlichen Sinne, ebensowenig aber als eine zur Verfolgung lediglich privater Zwecke und Interessen zugelassenen Thätigkeit, sondern als eine Wirksamkeit, deren Vorbedingungen im öffentlichen Interesse in bestimmter Weise geregelt sind und deren Durchführung aus denselben Gründen behufs ordnungsmäßiger Handhabung der Rechtspflege einer dauernden staatlichen Kontrole unterworfen ist.

4) Für die Begründung eines Wohnsitzes im weiteren Sinne ist die Thatsache der Errichtung und Unterhaltung eines Rechtsanwalts-Bureaus für sich allein nicht ausreichend.

Nr. 50.

Endurteil des II. Senats vom 7. Juni 1887 (Entsch. Bd. XV S. 52).

1) Die Rechtsanwaltschaft ist — wenn auch vielleicht unter den Begriff des „stehenden Gewerbes" in seinem weitesten Sinne zu subsumieren — doch im Sinne des Kommunalabgabengesetzes vom 27. Juli 1885, wie dessen Entstehungsgeschichte ergiebt, als ein Gewerbebetrieb, der die Kommunalsteuerpflicht begründet, nicht anzusehen. — Die Notare sind noch gegenwärtig Staatsbeamte und können schon aus diesem Grunde keine Gewerbetreibenden sein.

2) Der „Aufenthalt" an einem Orte stellt sich nicht als etwas rein Momentanes, sondern als ein Zustand dar, in welchen sich die betreffende Person befinden muß. Er verlangt die Begründung eines Aufenthalts-Verhältnisses und kann insofern nach einer gewissen Richtung hin dem „Wohnsitze" an die Seite gestellt werden. Wie für die Begründung des Wohnsitzes eine dauernde Niederlassung unentbehrlich ist, so für die Begründung des Aufenthalts eine zeitweilige Niederlassung. Zum Aufenthalte („sich aufhalten") im Sinne des § 11 des Gesetzes vom 27. Juli 1885 genügt deshalb nicht eine körperliche Anwesenheit in bestimmten Abschnitten des Tages oder auch während des ganzen Tages, es muß noch ein Mehreres hinzukommen, die Niederlassung, das Wohnen. Ein Tagelöhner, welcher täglich zur Arbeit in die Stadt kommt, mit seiner Familie aber in einem benachbarten Dorfe wohnt, hält sich im Sinne des Gesetzes ebensowenig in der Stadt auf, wie ein Fabrikherr, welcher in der Stadt wohnt, aber täglich mehrere Stunden in seiner zum Bezirke einer nahen Landgemeinde gehörenden Fabrik zubringt, seinen Aufenthalt an letzterem Orte hat. (cfr. Endurteil vom 14. September 1886 — I. Supplementbd. S. 56 Nr. 42 —.)

Nr. 51.

Endurteil des II. Senats vom 5. Mai 1887 (Entsch. Bd. XV. S. 58).

1) Zur Begründung, zum Haben und Beibehalten eines Wohnsitzes gehört einmal der Wille, einen bestimmten Ort zum dauernden Aufenthalt und Mittelpunkt der Lebensverhältnisse zu machen und außerdem die Verwirklichung dieses Willens durch entsprechende That. Die Absicht, welche nur auf das Bereithalten eines bei gelegentlicher Anwesenheit zu benutzenden Absteigequartiers gerichtet ist, kann für sich allein als genügend nicht befunden werden, um das Bestehen eines Wohnsitzes als dargethan anzunehmen. Hat dagegen Jemand in dem einen Orte ein Geschäft nebst vollständig eingerichteter Wohnung und Wirtschaft und ebenso in einer benachbarten Gemeinde eine ebenfalls vollständig eingerichtete Wohnung und Wirtschaft, um daselbst jährlich einen drei- oder mehrmonatlichen Sommeraufenthalt zu nehmen, so hat er zwei Wohnsitze und kann deshalb in Gemäßheit des Gesetzes am 27. Juli 1885 von der Sommerwohnsitzgemeinde mit mindestens einem Viertel seines Gesamteinkommens zu den in der Form einer Einkommensteuer erhobenen Gemeindeabgaben herangezogen werden.

2) Der betreffende Steuerpflichtige bezieht aus Grundbesitz und Gewerbebetrieb in seinem Hauptwohnorte B. ein Einkommen von 21 200 Mk., in seinem Sommeraufenthalte S. ein solches von 2200, mithin in dem letzteren Orte weniger als $^1/_4$ des Gesamteinkommens. Dieses Viertel zerfällt in so viele Bruchteile, als Wohnsitzgemeinden vorhanden sind, das Minimalsteuerobjekt beträgt hiernach bei zwei Wohnsitzgemeinden $^1/_8$, bei dreien $^1/_{12}$ u. s. w. Im gegebenen Falle bleibt also der Gemeinde S. $^1/_8$ zur ausschließlichen Besteuerung überlassen. Da weiterhin in der Gemeinde S. ohnehin schon 2200 Mk. des Einkommens steuerpflichtig sind, so ist noch eine Zubuße von 725 Mk. erforderlich oder im Ganzen aus dem Gesamteinkommen von 23 400 Mk. der 8. Teil von 2925 Mk. auszusondern und dann weiter nach § 10 des Gesetzes vom 27. Juli 1885 zu verfahren. In der hiernach aufzumachenden Proportion: 23 400 : 2925 = 648 (Steuersatz des Gesamteinkommens) ergiebt sich als viertes Glied der Betrag von 81 Mk., der von der Steuer des Gesamteinkommens abzusetzen ist und zu der Summa von 567 Mk. führt, auf welcher demgemäß die in B. von dem Zensiten zu entrichtende Steuer festzusetzen ist.

Nr. 52.

Endurteil des II. Senats vom 15. November 1887 (Entsch. Bd. XV. S. 66).

1) Die in den §§ 9 und 11 des Gesetzes vom 27. Juli 1885 erwähnte Quote kann auf ein Viertel ausschließlich nur dann bemessen werden, wenn es sich nur um Eine Wohnsitzgemeinde handelt, es ist dagegen in allen Fällen, in welchen der Abgabenpflichtige einen mehrfachen Wohnsitz hat (§ 9 Abs. 2 letzter Satz), diese Quote von einem Viertel nach Maßgabe des § 11 Abs. 1 daselbst zu verteilen, der Mindestbetrag des der einzelnen Wohnsitzgemeinde auszuwerfenden Einkommensteiles also auf denjenigen Bruchteil zu bemessen, welcher sich aus einer Division des einen Viertels durch die Zahl der überhaupt vorhandenen Wohnsitzgemeinden ergiebt.

2) Wo reine Wohnsitzgemeinden und reine Ursprungs-(Forensal-)Gemeinden sich gegenüberstehen, da mag es zutreffen, daß die letzteren ihrer Pflicht und dem korrespondierenden Rechte der Wohnsitzgemeinde erst dann Genüge geleistet haben, nachdem von ihnen ein volles Viertel an die Wohnsitzgemeinde herausgegeben worden ist, wenn aber jede der beteiligten Gemeinden zugleich Wohnsitz- und Ursprungsgemeinde ist und die Berechtigung schon aus der Eigenschaft als Wohnsitzgemeinde und die Verpflichtung aus dem Charakter als Ursprungsgemeinde folgt, so ist der Fall, daß Berechtigung und Verpflichtung zusammenfallen, an und für sich ohne Weiteres gegeben. Der Kreis der Berechtigten deckt sich dann absolut und vollkommen mit dem Kreise der Verpflichteten.

3) Unter den „mehreren“ Gemeinden im Sinne der § 9 Abs. 2 (Schlußsatz) sind keineswegs etwa nur solche Wohnsitzgemeinden zu verstehen, in welchen das daselbst steuerpflichtige Einkommen weniger als ein Viertel beträgt, vielmehr hat bei der ganz allgemeinen Fassung des Gesetzes, welches lediglich vom „mehrfachen Wohnsitze“ spricht, die Teilung der Quote — des Viertels — überall da einzutreten, wo überhaupt mehrere Wohnsitze vorhanden sind.

4) Hat ein Zensit in der Gemeinde N. seinen Wohnsitz (Wohnsitzgemeinde) und gewinnt er sein Einkommen aus einer Fabrik in der Gemeinde A., ohne dort zu wohnen (Ursprungsgemeinde, weil das Einkommen hier seinen Ursprung hat), so fallen der letzteren $^3/_4$, der ersten $^1/_4$ des Einkommens zur Besteuerung anheim, wäre dagegen A. zugleich Wohnsitzgemeinde, so kommt ihr dasselbe Recht zu, wie N., welches sodann das $^1/_4$ mit A. noch teilen müßte.

Nr. 53.

Endurteil des II. Senats vom 17. Mai 1887 (Entsch. Bd. XV. S. 72).

1) Voraussetzung der Steuerpflicht gemäß § 11 des Kommunalsteuergesetzes vom 27. Juli 1885 ist, daß der zu Besteuernde in der Gemeinde, welche von ihm die Steuer fordert, entweder einen Wohnsitz oder in dem Jahre, für welches die Steuer gefordert wird, sich drei Monate aufgehalten hat.

2) Der Beigeladene ist nur dann befugt, seinerseits ein Rechtsmittel einzulegen, wenn er durch die ergangene Entscheidung in seinen eigenen Rechten verletzt ist. (Endurteil vom 19. Juni 1879 — Stammwerk S. 443 Nr. 17, 4 —, desgl. vom 20. Juni 1883 — Stammwerk S. 137 Nr. 69 —, vom 17. Januar 1885 — Stammwerk S. 205 Nr. 48 —.)

3) Es ist ein anscheinend weit verbreiteter Irrtum, daß die im Streitverfahren gegen einen der Steuergläubiger (bei mehrfachem Wohnsitze), wenn auch unter Beiladung der Uebrigen erstrebte und erreichte Feststellung des jenem zufallenden Steuerobjektes, zufolge der Vorschriften des Gesetzes vom 27. Juli

1885 für die Uebrigen ohne Weiteres die Nötigung mit sich bringe, sich mit dem Restobjekte zu begnügen. Nach dem bestehenden Rechte bildet vielmehr die in dem so anhängig gemachten Streitverfahren ergehende Entscheidung eine Norm nur für die Rechtsverhältnisse zwischen dem klagenden Zensiten und dem einzelnen beklagten Steuergläubiger, und es bleibt die seitens der Uebrigen erfolgte Veranlagung in Kraft, wenn und soweit gegen dieselbe nicht selbständig mit den Rechtsmitteln des Einspruchs und der Klage vorgegangen wird.

4) Die Gemeindeabgabenpflicht physischer Personen in Städten ergiebt sich für den Geltungsbereich der Städteordnung vom 30. Mai 1853 aus § 4 daselbst und aus § 8 des Freizügigkeitsgesetzes vom 1. November 1867. Sie trifft Einwohner, Forensen und solche neu Anziehende gleich den Einwohnern, welche sich im Steuerjahre länger als drei Monate in der Gemeinde aufgehalten haben. Durch § 1 Abs. 3 des Gesetzes vom 27. Juli 1885 hat die Abgabenpflicht der Forensen zwar einen weiten Ausbau erfahren, jedoch geht dies nicht so weit, daß die Gesetzgebung ein neues Besteuerungsrecht der Gemeinde für das künftige, dem Aufenthaltsjahre nachfolgende Jahr lediglich aus dem Grunde des vorjährigen Aufenthaltes hätte begründen wollen.

Nr. 54.

Endurteil des II. Senats vom 22. April 1887 (Entsch. Bd. XV. S. 79).

1) Auf dem Gebiete der Streitigkeiten über die Heranziehung oder Veranlagung zu Kreis- oder Gemeindeabgaben darf sich die Entscheidung nicht darauf beschränken, die Grundlage über die Veranlagung festzustellen, sondern es muß ein den Streit endgiltig zum Abschluß bringender Ausspruch erfolgen, dergestalt, daß der von dem Pflichtigen zu entrichtende Steuerbetrag entweder unmittelbar aus dem Urteil entnommen oder aus den richterlich festgestellten Zahlen ohne Weiteres durch Rechnung ermittelt werden kann.

2) Zu den Kirchendienern im Sinne der Städteordnung vom 30. Mai 1853 sind die weltlichen Kirchenbedienten des § 550 A. L.-R. II, 11 zu rechnen, d. h. alle Personen, welche zum Dienste der Kirche in mechanischen Verrichtungen oder weltlichen Angelegenheiten bestimmt sind. Zu denselben gehört auch ein ordnungsmäßig gegen festes Gehalt angestellter Kirchenkassenrendant.

3) Die Gemeindesteuerfreiheit der Kirchendiener ist davon abhängig, ob denselben bei Erlaß der Gemeindeordnung vom 11. März 1850 ein Recht auf Freilassung des Diensteinkommens von Gemeindeabgaben zustand. Diese Frage ist im Geltungsbereich der pommerschen Kirchenordnung von 1563 zu bejahen.

4) Es steht nichts im Wege, den Rendanten eines evangelischen Gemeinde-Kirchenrates in strafrechtlicher Beziehung als „Beamten" anzusehen und ihm gleichwohl im Verwaltungs-Streitverfahren die Eigenschaft eines „Kirchendieners" im Sinne der Städte-Ordnung vom 30. Mai 1853 zuzuerkennen.

Nr. 55.

Endurteil des II. Senats vom 24. Mai 1887 (Entsch. Bd. XV. S. 85).

Nachdem durch das Kommunalabgabengesetz vom 27. Juli 1885 die Aktiengesellschaften und Kommanditgesellschaften auf Aktien steuerrechtlich zu besonderen Rechtssubjekten erhoben und der Gemeindebesteuerung bezüglich ihres Einkommens aus dem Gewerbebetriebe unterworfen sind, können die Aktieninhaber, welche auch handelsrechtlich das Gewerbe der Gesellschaft nicht betreiben, steuerrechtlich als Gewerbetreibende nicht behandelt werden, dagegen können die Kommanditisten einer einfachen Kommanditgesellschaft als ein Gewerbe betreibend der Besteuerung des aus dieser Quelle fließenden Einkommens unterworfen werden. Grund dieser Unterscheidung ist der Umstand, daß die Inhaber von Aktien einer Kommanditgesellschaft auf Aktien als solche das den Gegenstand des Gesellschaftsunternehmens bildende Gewerbe für ihre Person nicht betreiben.

Nr. 56.

Endurteil des II. Senats vom 24. Mai 1887 (Entsch. Bd. XV. S. 89).

1) Die Mitglieder einer Kommanditgesellschaft sind ebenso wie die Mitglieder einer offenen Handelsgesellschaft als Gewerbetreibende im Sinne des § 1 des Kommunalsteuergesetzes vom 27. Juli 1885 anzusehen und unterliegen daher der Kommunalbesteuerung am Orte des Gewerbebetriebes, d. h. am Sitze der Kommanditgesellschaft. Dieser Grundsatz greift auch Platz, wenn nicht eine physische Person, sondern eine Aktiengesellschaft als Kommanditistin auftritt.

2) Von der Aufnahme einer Bestimmung im Sinne des § 14 Abs. 1 der Kreisordnungen in das Gesetz vom 27. Juli 1885 ist im Wesentlichen nur um deshalb abgesehen worden, weil ein solcher selbstverständlich und deshalb überflüssig erschien, daher sind auch die Teilhaber einer offenen Handelsgesellschaft als kommunalsteuerpflichtige Gewerbetreibende anzusehen. (Siehe die Endurteile vom 1. Juni und 7. September 1885 — Stammwerk S. 88, 89 Nr. 15 u. 16).

3) Würde der persönlich haftende Gesellschafter für das ganze Einkommen der Gesellschaft herangezogen, so würde er nicht nach seinem Einkommen, sondern die Gesellschaft nach ihrem Einkommeu in der Person des persönlich haftenden Gesellschafters besteuert werden.

4) Der Kommanditist ist — im Gegensatze zum stillen Gesellschafter — wirklicher Gesellschafter und Teilhaber des Geschäfts, der nach Außen hervortritt. Bei der Kommanditgesellschaft besteht eine eigene Handelsgesellschaft, während das Handelsgesetzbuch die stille Gesellschaft von den Handelsgesellschaften unterscheidet.

Nr. 57.

Endurteil des II. Senats vom 22. April 1887 (Entsch. Bd. XV. S. 93).

1) Die Anwendung des nur von physischen Personen handelnden § 19 des Gesetzes vom 1. Mai 1851 (G.-S. S. 193) auf das Einkommen der juristischen Personen und der ihnen in Ansehung der kommunalen Steuerpflicht gleichstehenden nicht physischen Rechtssubjekte ist ausgeschlossen. Denn bei diesen Steuerpflichtigen trifft der Begriff eines persönlichen, freien Einkommens nicht zu, vielmehr hat die Einschätzung lediglich nach dem Reineinkommen der einzelnen Einnahmequelle zu erfolgen, und dieser Ertrag ist für jede der Quellen besonders zu berechnen. Der Schuldenzustand oder die Unergiebigkeit der einen Quelle bleibt bei der Besteuerung der andern ohne Einfluß.

2) Nicht zutreffend erscheint der vorstehende Grundsatz in dem Falle, wenn eine Bergbaugesellschaft außer dem Bergwerke auch noch Hausgrundstücke besitzt, welche lediglich dem Bergbaubetriebe dienen und mit demselben ein wirtschaftliches Ganzes bilden. In diesem Falle können die an sich ertragsfähigen Häuser dem unergiebigen Bergwerke gegenüber nicht besonders steuerlich eingeschätzt werden.

Nr. 58.

Endurteil des II. Senats vom 13. September 1887 (Entsch. Bd. XV. S. 98).

1) Das Gesetz über die Doppelbesteuerung vom 13. Mai 1870 findet lediglich auf die Veranlagung zu den direkten Staatssteuern, nicht aber auf die Kommunalbesteuerung Anwendung.

2) Der Gewerbebetrieb einer Versicherungsgesellschaft findet da statt, wo die Versicherungsverträge für dieselbe bindend abgeschlossen werden. Findet dieser Abschluß ausschließlich durch die Direktion statt, so konzentriert sich am Sitze der letzteren der ganze Gewerbebetrieb und unterliegt auch dort der Kommunalbesteuerung.

3) Versicherungs-Aktiengesellschaften, welche einzelne Zweige ihres Gewerbes von dem Zentralpunkte aus durch unselbständige Agenten betreiben, haben das gesamte, auf diese Weise erzielte Einkommen an der Zentralstelle zu versteuern, selbst wenn die Agenten auch im Auslande Geschäfte machen.

Nr. 59.

Endurteil des II. Senats vom 3. Mai 1887 (Entsch. Bd. XV. S. 103).

1) Staats- und Gemeinde-Einkommensteuern gehören nicht zu den bei Berechnung des steuerpflichtigen Einkommens abzusetzenden Ausgaben.

2) Die Zinsen des Reservefonds einer Erwerbsgesellschaft gehören zu den gewerblichen Einnahmen derselben und mithin zu dem Einkommen aus Gewerbebetrieb.

3) Zu den Bruttoeinnahmen einer Versicherungsgesellschaft, nach deren Höhe die Verteilung des steuerpflichtigen Einkommens auf mehrere berechtigte Gemeinden gemäß § 7 des Gesetzes vom 27. Juli 1885 zu erfolgen hat, gehören nicht nur die Prämieneinnahmen, sondern auch alle übrigen Einnahmen, z. B. an Zinsen, welche in einer bestimmten Gemeinde entstehen.

4) Der Reservefonds einer Gesellschaft bildet einen mit dem ganzen gewerblichen Unternehmen organisch verknüpften, demselben gesetzlich (Art. 185 b, 239 b des Reichsgesetzes vom 18. Juli 1884 — R.-G.-Bl. S. 123 —) und untrennbar zugehörigen Teil der finanziellen Unterlagen der Gesellschaft und in diesem Sinne einen, für gewisse Eventualitäten disponibel zu haltenden Bestand des Betriebskapitals, dessen Erträge dem Gesamteinkommen der nur gewerbliche Zwecke verfolgenden Gesellschaft ebenso angehören, wie jede andere Einnahme. Es ist unstatthaft, diesen Reservefonds als gesonderte, mit dem Gewerbebetriebe außer Zusammenhang stehende Einnahmequelle — etwa nach Analogie des Einkommensteuergesetzes vom 1. Mai 1851*) — zu behandeln.

5) Handelt es sich um einen einheitlichen, über mehrere Gemeinden sich erstreckenden Gewerbebetrieb mit einem in allen Gemeinden zusammen erzielten Reinertrage, so bilden alle diese Gemeinden vereinigt in gewissem Sinne eine Gesamtgemeinde, in der das Gesamteinkommen aufkommt, und das Gesetz vom

---

*) Diese Bestimmung hat folgenden Wortlaut:

§ 29. Das Einkommen aus dem Kapitalvermögen besteht in den Zinsen aller Forderungen, welche dem Steuerpflichtigen gegen Privatschuldner und gegen den Staat oder die Geldinstitute des Staates, gegen öffentliche Gesellschaften oder Aktienunternehmungen, gegen auswärtige Staaten u. s. w. zustehen. Auch gehören hierher alle Einnahmen in Geld, Naturalien oder sonstigen geldwerten Vorteilen, welche Jemandem aus Leibrente oder ähnlichen Verträgen oder Verschreibungen zufließen.

Die zugesicherten Jahreszinsen oder Renten bilden sowohl bei dem in öffentlichen Papieren als bei dem in Privatforderungen bestehenden Kapitalvermögen das zu besteuernde Einkommen.

Gehen diese Zinsen oder Renten nicht regelmäßig unverkürzt ein, oder unterliegen sie wie bei Dividenden aus Aktienunternehmungen, jährlichen Schwankungen, so ist der für das vorhergegangene Jahr gezahlte Betrag in Ansatz zu bringen. Hinsichtlich der von diesem Einkommen abzuziehenden Zinsen etwaiger Schulden gilt die am Schlusse des § 28 gegebene Bestimmung. Forderungen und Schulden, welche im kaufmännischen Verkehr und überhaupt im Verkehr unter Gewerbetreibenden bestehen, werden bei Feststellung des im § 30 behandelten Einkommens berücksichtigt und sind daher hier außer Acht zu lassen.

27. Juli 1885 hat sich einer solchen Sachlage gegenüber die Aufgabe gestellt und sie im § 7 gelöst, den Anteil der einzelnen Gemeinden zu bestimmen, die dem geographischen Bezirke, innerhalb dessen das Gesamteinkommen entsteht, angehören. Dieses Gesamteinkommen erwächst in allen Gemeinden, weshalb gerade nach dem Grundprinzip des § 1 des Gesetzes alle daran partizipieren, dergestalt, daß die am meisten erzeugende Sitzgemeinde vorab das Präzipuum von 10 % erhält.

Nr. 60.

Endurteil des II. Senats vom 28. Oktober 1887 (Entsch. Bd. XV. S. 109).

1) Rücklagen in den Erneuerungsfonds sind bei Berechnung des steuerpflichtigen Einkommens einer Erwerbsgesellschaft in Abzug zu bringen — und zwar nicht nur einstweilen und bis zu ihrer Verwendung. (Siehe Endurteil vom 22. September 1881 — Stammwerk S. 63 Nr. 62 —).

2) Tantiemen, welche an den Aufsichtsrath einer Aktiengesellschaft vertrags- bezw. statutenmäßig zu zahlen sind, gehören zu den abzugsfähigen Ausgaben.

Nr. 61.

Endurteil des II. Senats vom 8. November 1887 (Entsch. Bd. XV. S. 112).

1) Im Streitverfahren auf Ermäßigung der veranlagten Gemeindesteuer darf der Klageantrag über den bereits im Einspruchsverfahren geltend gemachten Ermäßigungsanspruch nicht hinausgehen.

2) Der Geschäftsbetrieb einer eingetragenen Genossenschaft (Konsumvereines) ist nur dann als über den Kreis ihrer Mitglieder hinausgehend anzusehen, wenn der Verkehr mit Nichtmitgliedern direkt durch den Verein, bezw. dessen Vertreter stattfindet: es genügt nicht, wenn durch Vermittelung einzelner Mitglieder ohne Zuthun des Vereins eine Teilnahme Fremder an den Vereinszwecken stattfindet.

Ein Hinausgehen des Geschäftsbetriebes einer Genossenschaft über den Kreis ihrer Mitglieder ist vorhanden, wenn dieselbe auch Nichtmitglieder an denjenigen Zwecke teilnehmen läßt, zu deren Erreichung sie gebildet ist. (Endurteil vom 14. Dezember 1886 — I, Supplementband S. 57 Nr. 43 —). Dasselbe setzt also immer eine Mitwirkung, sei es auch nur ein Mitwissen und stillschweigendes Geschehenlassen seitens der Genossenschaft, oder vielmehr der beteiligten Genossenschaftsorgane, voraus. Hat insbesondere der Vorstand seinerseits nichts versäumt, um den Ablaß von Waaren an Nichtmitglieder zu verhindern, und lassen sich gleichwohl Mitglieder herbei, die Abgabe von Waaren an Nichtmitglieder zu vermitteln — ohne Vorwissen und gegen die ausgesprochene Absicht der Vereinsorgane —, so kann von einer Beteiligung Dritter an den Vereinszwecken im Sinne des Gesetzes nicht die Rede sein.

3) Bei der Feststellung, ob eine eingetragene Genossenschaft gemäß § 1 des Ges. vom 27. Juli 1885 kommunalsteuerpflichtig ist, kommt nur derjenige Geschäftsbetrieb in Betracht, wie er sich seit Inkrafttreten dieses Gesetzes gestaltet hat. (Siehe obiges Endurteil). Zwar können derartige ältere Vorgänge als Unterlagen für die Ueberzeugung verwertet werden, daß in gleicher Weise der Geschäftsbetrieb auch nach dem entscheidenden Zeitpunkte sich vollzogen habe und vollziehe, allein als eigentliche Beweismomente für die zur Zeit herrschende Geschäftspraxis können sie nicht gelten.

4) Der Beweis, daß den statutarischen Bestimmungen zuwider der Geschäftsbetrieb der Genossenschaft über den Kreis der Mitglieder hinausgehe, liegt dem Steuerberechtigten ob, und zwar kommt es auf den Nachweis an, daß eine solche Ueberschreitung der durch das Statut gezogenen Grenzen seit dem Tage des

Inkrafttretens des Gesetzes vom 27. Juli 1885 und des betreffenden Regulativs stattfinde.

5) Der Lagerhalter hat nicht nötig, sich bei der Entnahme von Waaren durch Mitglieder zu erkundigen und Erklärungen darüber entgegen zu nehmen, für wen die Waare bestimmt sei.

Nr. 62.

Endurteil des II. Senats vom 18. November 1887 (Entsch. Bd. XV. S. 162).

1) Für die Beurteilung der Frage, ob der Geschäftsbetrieb einer eingetragenen Genossenschaft über den Kreis ihrer Mitglieder hinausgehe, kommt es zunächst auf denjenigen Verkehr an, wie er sich seit dem Inkrafttreten des Kommunalabgabengesetzes vom 27. Juli 1885 (1. April 1886) entwickelt hat. Es ist hierbei zwar nicht ausgeschlossen, auch ältere Vorgänge als stützende Momente heranzuziehen; doch ist bei Folgerungen hieraus mit Vorsicht zu verfahren, da die Annahme nahe liegt, die Genossenschaft könne mit Rücksicht auf das neue Gesetz eine Aenderung ihres Geschäftsgebahrens haben eintreten lassen.

2) Unzulässig ist es hingegen, auch für die Beantwortung dieser Frage lediglich den dreijährigen Zeitraum in Betracht zu ziehen, welcher für die Feststellung des zu besteuernden Durchschnittseinkommens maßgebend ist. Denn die Frage der Steuerberechnung ist eine ganz andere als die der Steuerpflicht.

3) Wenn das Genossenschaftsstatut die Ausdehnung des Geschäftsbetriebes auf Nichtmitglieder ausschließt, so liegt der Gegenbeweis, daß statutenwidrig verfahren worden sei, der die Steuer beanspruchenden Behörde ob.

4) Wenn einzelne Genossenschaftsmitglieder Fremden die Teilnahme an den Vereinszwecken dadurch ermöglichen, daß sie dem Statut zuwider die Geschäftsabschlüsse auf ihren Namen für Fremde vermitteln oder diesen in betrügerischer Weise ihre Legitimationskarten überlassen, so kann hieraus die Kommunalsteuerpflicht der Genossenschaft nur auf Grund der ausdrücklichen Feststellung hergeleitet werden, daß diese den unzulässigen Vermittelungsverkehr begünstigt oder doch wissentlich geduldet habe.

Nr. 63.

Endurteil des II. Senats vom 24. Juni 1887 (Entsch. Bd. XV. S. 120).

1) Die Bestimmung in § 276 der Reichs-Civ.-Proz.-Ordn., wonach, wenn ein Anspruch nach Betrag und Grund streitig ist, vorab über den Grund entschieden werden kann, ist auf das Verwaltungsstreitverfahren nicht anwendbar. Namentlich in Streitigkeiten, welche die Heranziehung zu den Gemeindeabgaben zum Gegenstande haben, ist die ganze Streitfrage ungeteilt in einem Urteil zum endgiltigen Austrage zu bringen. Der Erlaß von Teilurteilen oder Zwischenurteilen ist im Verwaltungsstreitverfahren nicht zulässig, weil in dem Landesverwaltungsgesetze vom 30. Juli 1883 eine derartige Vorabentscheidung über den „Grund" nicht vorgesehen ist. (Siehe Endurteil vom 11. September 1886 — I. Supplementband S. 90 Nr. 81, desgl. vom 11. Juni 1885 — Stammwerk S. 85 Nr. 8 —).

2) Eine Gas-Aktiengesellschaft hat ihren Sitz in A., ist Eigentümerin und Unternehmerin einer in der Landgemeinde C. — unmittelbar vor den Thoren der Stadt B. — belegenen Gas-Anstalt und besorgt von dieser aus vertragsmäßig unter Benutzung eines eigenen Röhrennetzes die gesamte Gasbeleuchtung dieser Stadt B. Nach § 2 Abs. 2 des Geses vom 27. Juli 1885 ist die Gesellschaft in A. wegen ihres dort befindlichen Sitzes, in C. wegen der dort vor-

handenen Betriebsstätte, der Gasanstalt, steuerpflichtig, dagegen würde sie in B. nur dann steuerpflichtig sein, wenn nachgewiesen würde, daß sie daselbst eine Zweigniederlassung, eine Betriebs-, Werk- oder Verkaufsstätte oder eine selbständige Agentur hätte.

Nr. 64.

Endurteil des II. Senats vom 26. Oktober 1887 (Entsch. Bd. XV. S. 125).

1) Ein Urteil im Steuerermäßigungsverfahren darf nicht dahin lauten, daß Kläger „zur Zeit" steuerfrei zu lassen sei. Der Streit muß in einem Verfahren endgiltig zu Ende gebracht und es darf daher nur auf Abweisung oder Freilassung oder Herabsetzung der Steuer auf einen bestimmten Betrag erkannt werden.

2) Der in § 7b Kommunalabgaben-Gesetz vom 27. Juli 1885 erwähnte Beschluß der Verwaltungsbehörde über die Verteilung des Einkommens einer über mehrere Gemeindebezirke sich erstreckenden Eisenbahnstation ist von der besteuerten Eisenbahnbehörde zu extrahieren und behufs Veranlagung vorzulegen oder im Streitverfahren zur Begründung des Anspruchs auf Wiederbesteuerung beizubringen. Zur Beschaffung dieses Beschlusses kann nötigenfalls der Kläger die Aussetzung des Streitverfahrens und die Bewilligung einer angemessenen Frist beantragen.

3) Zur Anwendung des § 7b a. a. O. ist nur erforderlich, daß eine Station sich über den Bezirk mehrerer Gemeinden erstreckt, nicht aber, daß in jedem dieser Bezirke sich eine selbständige Betriebsstätte befindet.

Nr. 65.

Endurteil des II. Senats vom 18. Oktober 1887 (Entsch. Bd. XV. S. 133).

Das Kommunalsteuergesetz vom 27. Juli 1885 hat nur die auf das Einkommen gelegten Kommunalabgaben zum Gegenstande, und nur insoweit sind die demselben entgegenstehenden Bestimmungen durch § 14 des Gesetzes aufgehoben. Dagegen sind die für andere Kommunalabgaben, so die auf den Grundbesitz gelegten, erlassenen Spezialvorschriften — z. B. die durch die Eisenbahn-Verstaatlichungs-Gesetze den Gemeinden zugesprochenen Besteuerungsrechte — noch unverändert in Geltung.

Nr. 66.

Endurteil II. Senats vom 15. November 1887 (Entsch. Bd. XV. S. 140).

Durch die Kabinetsordre vom 8. Juni 1834 (G.-S. S. 87) betreffend die Heranziehung der wegen ihrer Bestimmung zu öffentlichen Zwecken staatssteuerfreien Grundstücke zu den Kommunalsteuern, ist an dem ursprünglichen rechtlichen Titel und Charakter der von solchen Grundstücken fortzuerhebenden Abgaben nichts geändert. Erlischt später jener Titel, so fällt auch die Beitragspflicht fort, und das Grundstück wird kommunalsteuerfrei.

Nr. 67.

Endurteil des II. Senats vom 27. Mai 1887 (Entsch. Bd. XV. S. 147).

1) Wenn in einem, gemäß § 12 des Fluchtliniengesetzes vom 2. Juli 1875 errichteten städtischen Statute die Bestimmung enthalten ist, daß bei dem Anbau an schon vorhandenen, bisher unbebauten Straßen und Straßenteilen — „insbesondere von Kommunikations- und Feldwegen" — die Kosten der Her-

stellung der Straße von den Adjazenten zu tragen seien, so befindet sich dies Statut mit dem Gesetze nicht im Einklange, weil eben Kommunikations- und Feldwege keine „Straßen" im Sinne des Gesetzes sind.

2) Eine „neue" Staße kann, wie aus der Natur der Sache hervorgeht, da nicht angelegt werden, wo eine Straße schon besteht und lediglich einen weiteren Ausbau erfährt, den Anforderungen der Gegenwart gemäß hergerichtet, mit besserem Pflaster, Trottoir u. s. w. versehen wird.

3) Die Frage, ob ein Weg bei Erlaß des betreffenden Statuts bereits eine Straße war, kann nicht danach beurteilt werden, ob er den im Statute neu vorgesehenen Erfordernissen genügte, es kommt vielmehr darauf an, ob diejenigen Anforderungen erfüllt waren, welche nach dem bisher geltenden Rechte für die städtischen Straßen in der betreffenden Ortschaft bestanden. Sollten aber daselbst Vorschriften über die normalmäßige Beschaffenheit städtischer Straßen nicht erlassen worden sein, so ist das ausschlaggebende Gewicht darauf zu legen, inwieweit der betreffende Weg thatsächlich dem allgemeinen Verkehre gedient hat und von der Stadtgemeinde, wenn auch in einem, den gegenwärtigen Anforderungen gegenüber unvollkommenen Zustande, als Straße unterhalten ist.

4) Aus dem Endurteil vom 6. November 1882 (Stammwerk S. 416 Nr. 41) läßt sich ein Nachweis nicht ableiten, als daß für die Annahme einer sogenannten historischen Straße ein öffentlicher straßenmäßiger Verkehr erforderlich sei. Diese Anforderung muß aber als erfüllt schon dann angesehen werden, wenn der qu. Weg nicht blos thatsächlich dem allgemeinen Verkehr gedient hat, sondern daneben auch von der Stadtgemeinde als Straße unterhalten ist, denn dann kann jener Verkehr nur ein öffentlicher, straßenmäßiger gewesen sein.

5) Der Verwaltungsrichter hat nur über die öffentlich-rechtliche Verpflichtung des Klägers, wie sie sich aus dem Gesetze vom 2. Juli 1875 und dem zur Ausführung erlassenen bezüglichen Ortsstatute ergiebt, zu befinden, während Verbindlichkeiten, welche der Kläger vertragsmäßig übernommen hat, nur etwa vor dem Zivilrichter geltend gemacht werden könnten.

Nr. 68.

Endurteil des II. Senats vom 17. Juni 1887 (Entsch. Bd. XV. S. 152).

1) Wenn in einem, gemäß § 15 des Fluchtliniengesetzes vom 2. Juli 1875 erlassenen Ortsstatute die Legung von Wasserleitungsröhren zu der „ersten Einrichtung der Straße" gerechnet wird, so entbehrt das der Rechtsgiltigkeit. Denn die Herstellung einer Wasserleitung bezweckt im Allgemeinen und der Regel nach eine Versorgung der an der Straße liegenden Häuser mit dem erforderlichen Bedarfe an Wasser. Die Ausnahme, daß eine Wasserleitung lediglich oder der Hauptsache nach für die Straße — etwa zu deren Sprengung, zur Spülung der Rinnsteine u. s. w. — bestimmt sei, müßte besonders nachgewiesen werden.

2) Der Ausdruck „erste Einrichtung" kann schon deshalb eine so weitreichende Bedeutung nicht haben, weil er im § 15 mit der „Entwässerung und Beleuchtungseinrichtung" zusammengestellt ist.

3) Nach dem Endurteile vom 12. Dezember 1877 (Stammwerk S. 397 Nr. 8) können Eigentümer solcher Gebäude zu den Kosten der ersten Einrichtung u. s. w. nicht herangezogen werden, welche bereits vor „Anlage" der Straße errichtet wurden und in Folge dieser Anlegung an die Straße zu liegen kommen. Dies Erkenntnis bezieht sich aber nur auf Fälle, wo die Fluchtlinien einer Straße erst festgesetzt werden sollen, während die demnächst an die Straße stoßenden Gebäude längst vorhanden sind. An sich vollzieht sich aber die „An-

legung" einer Straße stets innerhalb eines gewissen, vielfach nicht zu kurz bemessenen Zeitraums. Jeder während desselben vorgenommene Neubau begründet die Verpflichtung, nach § 15 des Gesetzes zu den Kosten beizutragen. Mit Festsetzung der Fluchtlinien aber beginnt die Periode der „Anlegung". Dies folgt mit Nothwendigkeit aus dem Gesetz.

4) Für jede in den Bebauungsplan aufgenommene Straße sind auch die Fluchtlinien bestimmt.

Nr. 69.

Endurteil des II. Senats vom 1. November 1887 (Entsch. Bd. XV. S. 156).

1) Gemäß § 15 des Gesetzes vom 2. Juli 1875 kann denjenigen, welche an einer neuen städtischen Straße bauen, durch Ortsstatut aufgegeben werden, die Straßenstrecke entweder auf eigene Kosten herzustellen, oder zu den Herstellungs- und Regulierungskosten einen verhältnißmäßigen Beitrag zu leisten. Dagegen haben die Gemeinden kein Recht, Kautionsbestellung wegen des später zu leistenden Kostenbeitrags zu fordern, und dieses Recht kann ihnen auch durch Ortsstatut nicht beigelegt werden.

2) Die den Anliegern auferlegten Leistungen haben den Charakter einer Gemeindelast und sind nach den hierfür bestehenden Vorschriften umzulegen und einzuziehen.

3) Die Befugnis, Kaution zu fordern, setzt immer einen speziellen Rechtstitel, der in diesen Fällen nicht in Frage kommen kann, oder eine ausdrückliche Rechtsnorm, die für das Gebiet der Gemeindebesteuerung nicht besteht, voraus (Allg. Landrecht I. 14. §§ 179 ff.). Auf die bisherige, von den Aufsichtsbehörden bei Bestätigung der Ortsstatuten geübte, dem obigen Grundsatze entgegenstehende Handhabung des Gesetzes und die in Folge dessen entstandene Praxis ist ein besonderes Gewicht nicht zu legen, denn es bleibt im Verwaltungsstreitverfahren immer zu untersuchen, ob auch bei diesen obrigkeitlichen Bestätigungen das bestehende Recht zutreffend angewendet worden ist.

4) Zur Erzwingung der dem Adjazenten obliegenden Leistung treten, je nach dem verschiedenen Charakter derselben, die allgemein giltigen Regeln ein. Hat sich die Gemeinde dafür entschieden, daß die Anlieger die Straße selbst herstellen und fünf Jahre unterhalten sollen, so handelt es sich um die Ableistung von Naturaldiensten, sollen aber die Anlieger zu den betreffenden Arbeiten einen verhältnismäßigen Beitrag und den Ersatz der erforderlichen Kosten leisten, so handelt es sich um die Einziehung von Geldbeiträgen. Die Einziehung der letzteren erfolgt gesetzlich durch Veranlagung und Ausschreibung der Abgabe (§ 18 Nr. 2 des Zuständigkeitsgesetzes vom 1. August 1883, Gesetz vom 18. Juni 1840 — G.-S. S. 140 —), event. durch zwangsweise Beitreibung (V. vom 7. September 1879). Die Herstellung der Naturalleistungen kann die Gemeinde im Zwangswege durch einen Dritten besorgen lassen oder auch selbst zur Ausführung bringen und zu dem Ende die erforderlichen Kosten von dem Verpflichteten vorschußweise einziehen.

5) Der Anspruch, daß Sicherheit für künftige Erfüllung einer Verpflichtung bestellt werde, ist etwas völlig Anderes, als der Anspruch, daß die Verpflichtung selbst erfüllt werde, er charakterisiert sich als eine zu der Hauptverpflichtung hinzutretende weitere Last. Stände die Sache anders, so würde bei jeder Gemeindelast Kaution gefordert werden können.

6) Der Straßenbau ist eine Last der Gemeinde. Die Gemeindebehörde besorgt den Ausbau Namens der Gemeinde, und die Ausgaben werden auch zunächst von der Gemeinde und für dieselbe bestritten; erst demnächst sind sie

ganz oder teilweise von den Anliegern zu erstatten, ohne daß hierbei die Grundsätze von der Geschäftsführung ohne Auftrag (negotiorum gestio) zur Anwendung kommen.

7) In manchen Ortsstatuten ist eine Kautionsbestellung dann zugelassen, wenn zur Zeit der Erteilung des Baukonsenses, wo nach dem Gesetz an sich die Zahlungspflicht eintritt, der Beitrag des Anliegers noch nicht feststeht. Auch dies ist unzulässig, denn der Umstand, daß die Gemeindebehörde ihre Abrechnung noch nicht beendet hat und deshalb nicht in der Lage ist, den illiquiden Beitrag des Anliegers einzuziehen, kann den Anspruch auf Kaution überhaupt nicht rechtfertigen.

8) Unberührt hiervon bleiben die Fälle, in denen die Kautionsbestellung den Anliegern nicht sowol als eine Pflicht auferlegt wird, sondern vielmehr, sei es nach ausdrücklicher unmittelbarer Vorschrift des Statutes, sei es erst gemäß einer durch das Statut den Gemeindebehörden erteilten Ermächtigung als ein Recht nachgelassen wird, mittels dessen Ausübung sie die ihnen an sich entgegenstehende Verpflichtung, des Baues sich zur Zeit noch überhaupt zu enthalten oder doch gleichzeitig die Straßenbaulast definitiv zu erfüllen, bis auf Weiteres abwenden können, so insbesondere die Fälle, in welchen gegenüber einem auf Grund des § 12 des Fluchtliniengesetzes vom 2. Juli 1875 erlassenen Bauverbote Ausnahmen unter der Bedingung gestattet werden, daß der Anbauende Sicherheit für Leistungen bestelle, welche er entweder nach der Regel des Gesetzes zu erfüllen hat oder nach den besonderen für solche Dispositionen getroffenen Normen freiwillig übernimmt. Bei Anwendung dieser Bestimmung verliert die Angelegenheit ihren öffentlich-rechtlichen Charakter.

Nr. 70.

Endurteil des II. Senats vom 4. November 1887 (Entsch. Bd. XV. S. 165).

1) Der Anspruch eines Zensiten, wegen eingetretener Aenderungen in den Vorbedingungen der Steuerpflicht — z. B. Verlegung des Wohnsitzes — von einem bestimmten Zeitpunkte ab von der veranlagten Gemeindesteuer ganz oder teilweise freigelassen zu werden, kann zum Gegenstand einer Klage im Verwaltungsstreitverfahren gemacht werden. Der Kläger hat alsdann aber anzugeben und nachzuweisen, um welchen Betrag er in der Steuer ermäßigt zu werden verlangt. (§ 18 des Zuständigkeitsgesetzes vom 1. August 1883.)

2) Derartige Anträge auf Steuerherabsetzung (wegen eingetretener Aenderungen) können nicht auf die in § 1 des Gesetzes vom 18. Juni 1840 festgesetzte Frist von drei Monaten beschränkt sein und folgeweise ebensowenig in dieser Weise durch örtliche Steuerordnungen beschränkt werden.

3) Die Ermäßigungsklage darf sich nur auf einen bestimmten Steuerbetrag richten, und die Entscheidung — falls der Antrag begründet — kann nur zur Festsetzung eines ebenso bestimmten Minderbetrages führen, der, wenn er nicht unmittelbar in Ziffern ausgedrückt ist, sich doch sofort durch die gegebenen Rechnungsfaktoren ermitteln lassen muß. Die Unterlagen für einen Ausspruch dieses Inhalts zu erbringen, ist Sache des Reklamanten.

4) Der Wert des Streitgegenstandes kann in derartigen Fällen niemals höher festgesetzt werden, als die thatsächlich erhobene Jahressteuer ausmacht, wol aber muß derselbe in Fällen der vorliegenden Art niedriger sein, als jener Maximalsatz.

Nr. 71.

Endurteil des II. Senats vom 20. Dezember 1887 (Entsch. Bd. XVI. S. 78).

Nach § 16 Abs. 5 des Zuständigkeitsgesetzes vom 1. August 1883 bedarf die Bestätigung (Genehmigung) von Gemeindebeschlüssen, durch welche besondere direkte oder indirekte Gemeindesteuern neu eingeführt oder in ihren Grundsätzen verändert werden, der Zustimmung der Minister des Innern und der Finanzen. Dies findet Anwendung auf solche städtische Gemeinde-Einkommensteuer-Regulative, nach welchen eine Gemeinde-Einkommensteuer in Gestalt von Prozentsätzen des durch freie Schätzung zu findenden thatsächlichen Einkommens zur Hebung gelangen soll. Dieser Grundsatz trifft ganz besonders zu, wenn das vorhandene Regulativ die Veranlagung nach den Staatssteuerstufen vorschreibt. Fehlt es an einer derartigen ministeriellen Zustimmung, so ermangelt die Heranziehung der Gemeindemitglieder der gesetzlichen Grundlage und kann zur gänzlichen Freistellung derselben führen, sofern nicht im Klageantrage eines Reklamanten eine teilweise Anerkennung des Anspruchs des Steuergläubigers zu finden ist.

Nr. 72.

Endurteil des II. Senats vom 9. Dezember 1887 (Entsch. Bd. XVI. S. 86).

1) Der Bezirksverband des Regierungsbezirks Wiesbaden hatte im Gemeindebezirk der Stadt L. einen Steinbruch gepachtet zu dem Zwecke, durch Ausbeutung dieses Steinbruches das Material zur Herstellung der von ihm auszuführenden Wegebauten zu beschaffen. Dafür wurde er zu den Kommunallasten in L. eingeschätzt und herangezogen, seine Reklamation dagegen erschien nicht begründet.

2) Der Begriff des „Gewerbes“ hat in der Gesetzgebung eine für alle Fälle zutreffende Bestimmung nicht erfahren und macht eine verschiedene Beurteilung nötig, je nachdem es sich um die Anwendung gewerbepolizeilicher oder um die Handhabung steuerlicher Vorschriften handelt.

3) Ueberall erfordert dieser Begriff eine auf Erzielung von Gewinn gerichtete Absicht, zugleich aber, sofern die Gemeinde-Einkommensteuerpflicht aus Gewerbebetrieb die Folge sein soll, eine mit ihren Ergebnissen auf eine Beteiligung am allgemeinen wirtschaftlichen Verkehre abzielende Thätigkeit, dergestalt, daß Manipulationen, welche objektiv und in ihrer äußeren Erscheinung nach zweifellos gewerblicher Natur sind, in dem Falle keinen einkommensteuerpflichtigen Betrieb darstellen, wenn sie ausschließlich darauf gerichtet sind, das persönliche Bedürfnis des Unternehmers an Gütern der erzeugten oder verarbeiteten Art zu befriedigen. Von diesem Standpunkte aus war in der Ausbeutung des Steinbruches ein einkommensteuerpflichtiger „Gewerbebetrieb“ allerdings nicht zu finden.

4) Dagegen ist nach §§ 1 und 2 des Kommunalsteuer-Notgesetzes vom 27. Juli 1885 der Betrieb einer Pachtung neben dem Gewerbe als eine selbständige und für sich bestehende Quelle des Besteuerungsrechtes anzusehen. Dieselbe ist als solche und nicht etwa als Unterart des Gewerbetriebes steuerpflichtig und wird auch da nicht steuerfrei, wo die Absicht der Gewinnerzielung im gemeingewöhnlichen Sinne mangelt oder die Erträge des Pachtbetriebes in der eigenen Wirtschaft des Unternehmers ihre Verwendung finden.

5) Für die Beantwortung der Frage, ob Jemand aus einer Pachtung ein Reineinkommen bezieht, bleibt es ohne Einfluß, daß er das gewonnene Material zur Erfüllung seiner wirtschaftlichen Aufgaben verwendet.

6) Die Veranlagung der nach den Bestimmungen des örtlichen Rechtes steuerpflichtigen juristischen Personen, Gemeinden und weiteren Kommunalverbände erfolgt unter Anwendung der für die Einschätzung zur Staats-Einkommensteuer geltenden Grundsätze, welche, soweit sie in diesem Falle in Betracht kommen, aus § 30 des Gesetzes vom 1. Mai 1851 (25. Mai 1873)

und § 20, 4—11 der Instruktion vom 3. Januar 1877 zu entnehmen sind. Danach ist als Einnahme in Rechnung zu stellen der Geldwert aller Erzeugnisse, die von dem Pächter gewonnen und von ihm in seinem Nutzen verwendet werden, berechnet nach den Preisen zur Zeit des Verbrauches oder der Verwendung, und ebenso der Geldwert der am Schlusse der Veranlagungsperiode vorrätig gebliebenen Erzeugnisse nach den zeitigen Preisen, während andrerseits als Ausgabe der Pachtzins und die Gewinnkosten in Abzug zu bringen sind.

Nr. 73.

Endurteil des II. Senats vom 17. Februar 1888 (Entsch. Bd. XVI. S. 90).

1) Das der Kommunalbesteuerung unterliegende Einkommen einer Immobilien-Aktienbank wird nicht nur durch den Ertrag ihrer Liegenschaften dargestellt, sondern als weiteres Steuerobjekt ist auch der Durschnittsbetrag der aus den Grundstücksverkäufen nach den Geschäftsberichten der Gesellschaft erzielten Gewinne hinzuzurechnen.

2) Die letztgedachten Gewinne sind nicht als Einkommen aus Grundvermögen im Sinne des § 28 des Gesetzes vom 1. Mai 1858 (G.-S. S. 193) anzusehen, sondern die Gesellschaft betreibt mit dem Grundstückshandel im Sinne des § 30 a. a. O. ein Gewerbe und hat den daraus erzielten Gewinn in Gemäßheit des § 1 des Gesetzes vom 27. Juli 1885 und des örtlichen Regulativs zu versteuern.

3) Verträge über unbewegliche Sachen sind zwar nach Artikel 275 des Handelsgesetzbuches vom 5. Juni 1869 (B.-G.-Bl. S. 379) keine Handelsgeschäfte, dagegen sind die Thätigkeit der Gesellschaft und die wirtschaftlichen und geschäftlichen Vorgänge, aus welchen jene Einnahmen resultieren, als Gewerbebetrieb im steuerlichen Sinne anzusehen, d. h. der geschäftsmäßige An- und Verkauf von Immobilien stellt einen Gewerbebetrieb dar. Der Grund und Boden ist zur Waare geworden. Der Handel mit Grundstücken unterscheidet sich in dieser Form in nichts von anderen Unternehmen, bei welchen etwa eine große Masse von Baumaterialien, Getreide, Petroleum oder sonstiger Verkaufsgegenstände zusammengekauft und das Bedürfnis des Publikums zum Vorteil der Unternehmer ausgenutzt wird. Diese Unternehmer sind nicht „Hausbesitzer", sondern „Häuserspekulanten".

4. Das Charakteristische des Gewerbetriebes besteht nicht darin, daß Anschaffung und Veräußerung einer Waare fortlaufend nebeneinander hergehen, vielmehr ist es durchaus unzulässig, ein einheitliches, auf den An- und Verkauf von Waren basiertes Unternehmen dergestalt auseinanderzureißen, daß man die Zeit des Ankaufes und die Periode des Verkaufes unter gesonderten rechtlichen Gesichtspunkten betrachtet und demnach für beide Zeitabschnitte die Existenz eines Gewerbebetriebes verneinte, sobald die eine oder die andere der beiden Thätigkeiten fehlt.

Nr. 74.

Endurteil des II. Senats vom 1. Mai 1888 (Entsch. Bd. XVI. S. 95).
(Selbstverw. 1888, S. 164.)

1) Für die Berechnung des gemeindesteuerpflichtigen Reineinkommens der Aktiengesellschaften und Kommanditgesellschaften auf Aktien sind nicht die Bestimmungen des Handelsgesetzbuchs und der Aktiengesetz-Novelle, sondern lediglich die steuergesetzlichen Vorschriften maßgebend. (§ 3 des Gesetzes vom 27. Juli 1885, § 30 des Gesetzes vom 1. Mai 1851.)

2) Abschreibungen auf Kursverlust an eigenen Effekten sind als Kapitalverluste anzusehen und als solche bei Feststellung des Reineinkommens nicht abzugsfähig.

3) Die durch die Handelsbilanz (§ 28 des Handelsgesetzbuchs) geführten Nachweise eines Gewerbetreibenden über seine Vermögenslage sind für steuerliche Zwecke gewiß nicht ohne jeden Wert, allein es beruht auf Irrtum, daß das steuerpflichtige Einkommen nur aus der Bilanz entnommen werden könne, denn es ist dabei vollständig verkannt, daß die Bilanz einmal ein Verzeichnis der Aktiva enthält, die grundverschieden sind von den Einnahmen der für die Besteuerung wesentlichen Geschäftsperiode, und daß weiter ihnen gegenübersteht ein Verzeichnis des Kapitalbetrages der Passiva, die sich wieder mit den Jahresausgaben nicht decken, woraus folgt, daß die in der Bilanz schließlich ersichtlich gemachte Differenz der Aktiva und Passiva vielleicht für eine Vermögensbesteuerung erheblich wäre, aber für eine Einkommensbesteuerung völlig bedeutungslos erscheint, weil die letztere nur mit Jahres-Einnahmen und -Ausgaben zu rechnen hat, für welche in der Bilanz absolut kein Raum ist. Der durch die Bilanz kenntlich zu machende Gewinn — dargestellt durch den Überschuß der Aktiva über die Passiva — unterliegt nicht der Einkommenbesteuerung, und der von der letzteren erhoffte Gewinn — dargestellt durch den Überschuß der Jahreseinnahmen über die Ausgaben — ist aus der Bilanz nicht ersichtlich. Für seine Ermittelung kann die Gewinn- und Verlustrechnung, sofern sie hinreichend spezifiziert und vollständig ist, einen Anhalt gewähren; in welchem Umfange, wird sich in jedem einzelnen Falle danach bestimmen, ob sie die für die Veranlagung zur Einkommensteuer erforderliche Übersicht über die gesamten Einnahmen und Ausgaben bietet.

4) Bestände an eigenen Wertpapieren sind als Kapitalbestand anzusehen, dessen Wert allerdings vom Kurse abhängig ist und insofern gewiß das Ergebnis der Bilanz beeinflußt, das steuerpflichtige Jahreseinkommen aber, so lange mit dem Sinken des Kurses nicht zugleich die Erträge an Zinsen oder Dividenden sich ändern, unberührt läßt. Für Rücklagen (Spezialreserven) für noch nicht eingetretene, sondern nur befürchtete Verluste, besteht ein gesetzlicher Anspruch auf Steuerfreiheit nicht, wie denn auch Einlagen in den Delkrederefonds nicht in Abzug zu bringen sind.

[5) Delkredere ist die Vergütung, welche ein Kommissionär, der eine Waare verkauft hat, dafür berechnet, daß er die Gefahr des Kreditgebers auf sich nimmt, auch erfolgt die Berechnung des Delkredere bei Einkäufen auf spätere Lieferung, wenn die Gefahr nahe liegt, daß die Waare auf dem Lager bleibt oder daß die Vorschüsse verloren gehen, welche in der Regel geleistet werden. Die Vergütigung wird nach Prozenten von dem Betrage der Waare berechnet, die Höhe desselben schwankt je nach den Umständen zwischen ½—3%. Im weiteren Sinne versteht man unter Delkredere die Übernahme jener Gefahr selbst, d. h. das betr. Verhältnis der Verbürgung des Kommissionärs für den richtigen Eingang des Kaufpreises. Report heißt der beim Prolongieren der Zeitgeschäfte festgesetzte Aufschlag zum Kurse der hereingenommenen Papiere (Spamer's Handelslexikon).]

Nr. 75.

Endurteil des II. Senats vom 11. Mai 1888 (Entsch. Bd. XVI. S. 103).

1) Die Ermittlung des Reineinkommens der Aktien- (Erwerbs-) Gesellschaften erfolgt nach den für die Veranlagung zur Staatssteuer maßgebenden Grundsätzen, unter welchen als Fundamentalsatz obenan steht, daß das steuer-

pflichtige Einkommen gebildet wird durch den Ueberschuß der Einnahmen über die Ausgaben während eines gewissen Zeitraumes, wobei, sofern Einkommen aus Handel und Gewerbe in Frage steht, die Einnahmen durch den gesamten Ertrag der in Betracht zu ziehenden Periode dargestellt worden und nur solche Abzüge statthaft sind, welche sich nach jenen Grundsätzen als abzugsfähig ergeben (§ 30 des Gesetzes vom 1. Mai 1851, 25. Mai 1873, § 16 der Instruktion vom 3. Januar 1877). Als Rechnungsfaktoren können hienach, wenn der in Rede stehende Betrieb schon drei Jahre vor dem Steuerjahre angedauert hat, nur die in jenen drei Jahren erzielten Einnahmen und die in eben jener Periode vorgekommenen abzugsfähigen Ausgaben erscheinen. Die in Gemäßheit des Art. 31 des Handelsgesetzbuches vom 5. Juni 1869 und Art. 239, 185e des Aktiengesellschafts-Gesetzes vom 18. Juli 1884 (R.-G.-Bl. S. 123) aufgemachten Bilanzen sind, jene Rechnungsfaktoren zu liefern, weder bestimmt, noch geeignet.

2) Die von dem Steuerpflichtigen vorzulegende Gewinn- und Verlustrechnung bindet zwar weder die Steuerbehörde, noch den Verwaltungsrichter in der Weise, daß ihre Ergebnisse zu Grunde gelegt werden müßten, auch nicht soweit, daß die Steuerbehörde gehalten wäre, den Inhalt etwa ihrerseits durch Gegenbeweis zu entkräften; immerhin aber bildet sie in ihrem thatsächlichen Teile einen nicht zu unterschätzenden Ausgangspunkt, an welchen sich die weiteren Erörterungen zu knüpfen haben.

3) Es ist nicht Sache des Besteuerungsberechtigten, die Richtigkeit seiner Veranlagung im Ganzen oder im Einzelnen zu beweisen, vielmehr hat der Steuerpflichtige darzuthun, daß und aus welchen Gründen sein Einkommen den angenommenen Betrag nicht erreicht und event., daß er in der Lage war, erhebliche Ausgaben zu leisten und der Schluß auf entsprechende Einnahmen gleichwol ein unrichtiger ist.

Nr. 76.

Endurteil des II. Senats vom 2. Dezember 1887 (Entsch. Bd. XVI. S. 111).

1) Vereinigungen von Fabrikanten zu dem Zwecke, das gesamte Fabrikat gewisser Qualität nur durch ein gemeinsames Organ verkaufen und die so abgesetzte Waare den einzelnen Teilnehmern überweisen zu lassen, werden als Verkaufssyndikate bezeichnet.

2) Ein derartiges Syndikat erwirbt „als solches“ nichts; insbesondere können die Gewinne der einzelnen Mitglieder nicht als Gewinn oder Vermögen „des Syndikates als Institut“ angesehen werden. Das Syndikat als solches ist auch keine Erwerbsgesellschaft, welche als selbständiger Steuerträger zur Zahlung von Kommunalsteuern schuldig und vermögend erscheint.

3) Dagegen erscheint es wohl zulässig, eine Aktiengesellschaft als Mitglied eines solchen Syndikates zu Kommunalabgaben heranzuziehen. Die Städte-Ordnung vom 30. Mai 1853 bezeichnet in § 4 nur die juristischen Personen als steuerpflichtig, die Kreisordnungen stellen diesen im § 14 die Aktiengesellschaften und Kommanditgesellschaften dergestalt zur Seite, daß zwischen dem in diesen Formen vereinigten Individuen und dem Steuerberechtigten die Gesellschaften selbst als ein eingeschobenes, besonderes Subjekt standen, den offenen Handelsgesellschaften dagegen ist trotz ihrer handelsrechtlich anerkannten Rechtsfähigkeit steuerlich eine gleiche Bedeutung nicht beigelegt, vielmehr bleiben ihre Mitglieder die allein verantwortlichen Steuerträger. Dies gilt auch heute noch nach dem Kommunalsteuer-Notgesetz vom 27. Juli 1885, § 1. (Vergl. den Kommentar von Parey, S. 8, Verlag von L. J. Münnich zu Berlin 1889.)

Ebenso wie die offenen Handelsgesellschaften werden in dieser Beziehung auch die Syndikate angesehen, zumal dieselben nicht einmal in der besonders organisierten Form einer unter gemeinschaftlicher Firma auftretenden offenen Handelsgesellschaft auftreten, sondern vermöge eines einfachen Vertrages ihre Mittel und Kräfte zur Erreichung wirtschaftlicher Zwecke vereinigen. Solche Personenvereinigungen sind nur dann geschäfts- und prozeßfähig, wenn und soweit ihnen dies Vorrecht ausdrücklich beigelegt ist; im Uebrigen erscheinen im Geschäftsverkehr und vor Gericht als Träger von Rechten und Pflichten immer nur die einzelnen Teilnehmer und zwar der Regel nach mit solidarischer Berechtigung und Verpflichtung.

4) Aktiengesellschaften unterliegen den auf das Einkommen gelegten Gemeindeabgaben in denjenigen Gemeinden, in welchen sie ein stehendes Gewerbe betreiben (§ 1 des Gesetzes vom 27. Juli 1885). Ein die Abgabenpflicht begründender Gewerbebetrieb ist in denjenigen Gemeinden anzunehmen, in welchen die betreffende Aktiengesellschaft eine „Verkaufsstätte" hat. Für den Begriff der letzteren ist es gleichgültig, wo die Waare lagert und wo der Preis bezahlt wird.

Nr. 77.

Endurteil des II. Senats vom 21. Februar 1888 (Entsch. Bd. XVI. S. 120).

Wenn sich ein einheitlicher Gewerbetrieb (z. B. eine chemische Fabrik) in einer Anzahl gesonderter Betriebsstätten über mehrere Gemeinden ausdehnt und wenn sich eine jener Betriebsstätten zugleich über den Bezirk mehrerer Gemeinden erstreckt, so kann und darf eine dem Gesetze entsprechende Ermittelung der auf die einzelnen beteiligten Gemeinden entfallenden Quote des gewerblichen Reineinkommens ohne vorgängige, nach Maßgabe des § 7b des Gesetzes vom 27. Juli 1885 zu bewirkende Beschlußfassung des Bezirksausschusses nicht erfolgen.

Nr. 78.

Endurteil des II. Senats vom 27. April 1888 (Entsch. Bd. XVI. S. 127).

Unter „abgabeberechtigten Gemeinden" im Sinne des § 7c des Kommunalabgabengesetzes vom 27. Juli 1885 sind alle diejenigen Gemeinden zu verstehen, welche im Prinzip zur Abgabenerhebung von Eisenbahnunternehmungen vor dem 1. April 1880 berechtigt waren, also alle unter die Städteordnung (vgl. § 4 das.) fallenden Gemeinden, und nicht nur diejenigen, welche einen formellen Gemeindebeschluß wegen Besteuerung der Eisenbahnen gefaßt haben.

Nr. 79.

Endurteil des II. Senats vom 6. März 1888 (Entsch. Bd. XVI. S. 132).

Die durch § 7c des Kommunalabgabengesetzes vom 27. Juli 1885 den Gemeinden hinsichtlich derjenigen Eisenbahnunternehmungen, welche von ihnen vor dem 1. April 1880 besteuert worden sind, eingeräumten Präzipualbesteuerung erstreckt sich nur auf diejenigen Reinerträge, welche in den drei letzten, dem 1. April 1880 vorangegangenen Jahren, thatsächlich besteuert worden sind. Ein Gegenbeweis, daß die versteuerten Reinerträge auch nach den damals geltenden gesetzlichen Bestimmungen zu niedrig angenommen waren, ist nicht zulässig.

Nr. 80.

Endurteil des II. Senats vom 24. Mai 1888 (Entsch. Bd. XVI. S. 137).

Die Tagegelder eines ständigen Posthülfsboten sind als eine feste Besoldung im Sinne der §§ 8 und 11 des Gesetzes vom 11. Juli 1822 (G.-S. S. 184) und § 2 der Verordnung vom 23. September 1867 (G.=S. S. 1648) anzusehen.

Nr. 81.

II. Endurteil des II. Senats vom 6. Januar 1888 (Entsch. Band XVI. S. 144).

Wenn ein Beamter neben dem dienstlichen auch nichtdienstliches Einkommen bezieht und zwar zum Teil aus außerhalb des Bezirks der Wohnsitzgemeinde belegenen Grundeigentum u. s. w., so kommen bei der Berechnung seiner Kommunaleinkommensteuer die §§ 9 und 10 des Gesetzes vom 27. Juli 1885 zur Anwendung. Die hierbei entstehende Frage, ob die hiernach vorzunehmende Herabsetzung des „so ermittelten Steuerbetrages" auf der Grundlage des zur Wahrung der Beamtenvorrechte bereits herabgeminderten oder auf der des noch nicht voll herabgeminderten Steuerbetrages zu erfolgen hat, ist im ersteren Sinne zu entscheiden, d. h.: erst, nachdem die Beamtenvorrechte voll zur Geltung gelangt sind, kann die Verteilung des das Gesamteinkommen treffenden Steuerbetrages auf Wohnsitz- und Forensalgemeinde erfolgen.

Nr. 82.

Endurteil des II. Senats vom 10. Januar 1888 (Entsch. Bd. XVI. S. 149).

1) Zur Niederlegung eines in Gemäßheit des Art. IV. des Gesetzes vom 21. Mai 1874 übertragenen Kirchenamts ist die Genehmigung der kirchlichen Oberen nicht erforderlich.

2) Zu dem gemäß § 4 Abs. 12 der Städte-Ordnung von den direkten persönlichen Gemeindeabgaben befreiten Diensteinkommen der Geistlichen gehört auch das den emeritierten Geistlichen gewährte Ruhegehalt.

3) Wird einem Geistlichen bei seinem Ausscheiden aus dem Amte ein Teil seines Diensteinkommens belassen, bezw. aus den Pfarreinkünften weiter gezahlt, so ist derselbe als Ruhegehalt anzusehen. Auf die Gründe der Amtsniederlegung kommt es dabei nicht an.

Nr. 83.

Endurteil des II. Senats vom 18. Mai 1888 (Entsch. Bd. XVI. S. 154).
(Selbstverw. 1888 S. 245.)

Die Beamten der kaufmännischen Korporationen gehören als Bedienstete von „dem Staate untergeordneten Korporationen" im Sinne des § 69 A. L.=R. II. 10 zu den mittelbaren Staatsbeamten und genießen als solche das Kommunalsteuerprivileg nach Maßgabe des Gesetzes vom 11. Juli 1822 und der Kabinetsordre vom 14. Mai 1832.

Nr. 84.

Endurteile des II. Senats vom 10. Februar 1888 (Entsch. Bd. XVI. S. 161).
(Selbstverw. 1888 S. 107.)

1) Ein Anspruch auf Kommunalsteuerfreiheit des Heiratsguts steht in Gemäßheit des Preuß. Gesetzes vom 29. Juni 1886 nur den im Offiziersrange stehenden Militärpersonen des Friedensstandes zu. Zu diesen sind die zur Disposition gestellten Offiziere nicht zu rechnen.

2) Der § 9 des gedachten Gesetzes ist dahin auszulegen, daß die von der durch dasselbe steuerpflichtig erklärten Militärpension erhobene Kommunalabgabe nicht mehr betragen darf als die Erhöhung, welche diese Pension infolge des Reichsgesetzes vom 21. April 1886 erfahren hat.

3) Dagegen sind nach dem Gesetze vom 29. Juni 1886 die Militärpensionen ihrem ganzen Betrage nach und nicht nur mit dem Betrage der Erhöhung derart steuerpflichtig geworden, daß die Hälfte derselben zur Kommunalsteuer heranzuziehen ist. — Die Erhöhung eines Pensionsteils steht der Erhöhung der Pension gleich.

Nr. 85.

Endurteil des II. Senats vom 9. Dezember 1887 (Entsch. Bd. XVI. S. 167).

Zu den „Domänen und Forsten" im Sinne des § 1 Abs. 2 des Kommunalabgabengesetzes vom 27. Juli 1885 gehören keineswegs nur größere Domainen- und Forstkomplexe, nur Domainenvorwerke und arrondirte Forstreviere, sondern auch kleinere Parzellen, z. B. die durch zeitweise Verpachtung genutzten Streuparzellen.

Nr. 86.

II. **Endurteil des II. Senats vom 13. April 1888 (Entsch. Bd. XVI. S. 172).**

Ein vom Fiskus lediglich zu dem Zwecke angekauftes Mühlengrundstück, um im Interesse eines Kanals über die Wasserab- und Zuführungen frei verfügen zu können, ist als ein Teil des kommunalsteuerfreien Kanalbetriebes und nicht als eine Domaine im Sinne des § 1, Abs. 2 des Kommunalabgabengesetzes vom 27. Juli 1885 anzusehen. Dasselbe gilt von Grundstücken, welche z. B. zur Anlegung eines Hafens erworben und verwertet werden. Daß jene Mühle seitens des Fiskus verpachtet war, blieb ohne Einfluß auf die Steuerfreiheit.

Nr. 87.

Endurteil des II. Senats vom 3. Februar 1888 (Entsch. Bd. XVI. S. 177).

1) Die Allerh. Kabinets-Ordre vom 8. Juni 1834, betr. die Kommunal-Besteuerung der zu öffentlichen oder gemeinnützigen Zwecken neu erworbenen Grundstücke, enthält, indem sie die bisher erhobenen Gemeindeabgaben ihrem Betrage nach auch für die Zukunft fixirt, nicht eine Umwandelung und Neugestaltung des Rechtsverhältnisses, wie es zur Zeit der Erwerbung eines solchen Grundstücks zwischen der Gemeinde und demselben bestand.

Demgemäß dürfen Steuerzuschläge von solchen Grundstücken nicht forterhoben werden, wenn die Prinzipalsteuer aus einem andern Grunde als dem der Erwerbung des Grundstücks zu öffentlichen oder gemeinnützigen Zwecken erloschen und in Wegfall gekommen ist, z. B. wenn das betreffende Gebäude abgebrochen ist.

2) In dem die Steuerfreiheit aussprechenden Urteil bedarf es einer besonderen Festsetzung nicht, daß die inzwischen bereits eingezogene Steuer zurückerstattet werden soll. Die Verpflichtung hiezu folgt ganz von selbst aus der Hauptentscheidung.

Nr. 88.

Endurteil des II. Senats vom 6. April 1888 (Entsch. Bd. XVI. S. 181).
(Selbstverw. 1888 S. 219.)

1) Wenn in § 7 Art. V. des Zollvereinsvertrages vom 8. Juli 1867 den Kommunen die Erhebung von Abgaben von solchen Gegenständen nachgelassen wird, welche zur örtlichen Konsumtion bestimmt sind, und demnächst verschiedene dahin zu rechnende Gegenstände — Bier, Essig, Malz 2c. — aufgezählt werden, so ist diese Vorschrift dahin aufzufassen, daß die hier aufgeführten Objekte generell als zur örtlichen Konsumtion bestimmt angesehen werden sollen, und

die Ausübung des Besteuerungsrechts im einzelnen Falle nicht erst von dem Nachweise dieser Voraussetzung abhängig ist.

2) Eine gesetzliche Verpflichtung zur Rückvergütung einer kommunalen Biersteuer auf dasjenige Bier, welches nach einem andern Orte des Brausteuer-Gebiets ausgeführt wird, besteht nicht. Ob und unter welcher Bedingung ein solcher Rückvergütungsanspruch erhoben werden kann, ist lediglich nach Inhalt der betreffenden Steuer-Regulative zu beurteilen.

Nr. 89.

Endurteil des II. Senats vom 13. März 1888 (Entsch. Bd. XVI. S. 187).
(Selbstverw. 1888 S. 147.)

Soweit die Hundesteuer als eine Gemeindesteuer erhoben wird, unterliegt dieselbe gegenwärtig hinsichtlich ihrer Veranlagung und der Rechtsmittel gegen diese den für die Gemeindesteuern geltenden gesetzlichen Vorschriften. Die Bestimmung in Nr. 4 der Kab.-Ordre vom 29. April 1829, wonach die Entscheidung darüber, ob ein die Steuerfreiheit begründendes Bedürfnis zur Haltung eines Hundes für den Gewerbebetrieb oder die Bewachung des Grundstücks vorhanden ist, der Polizeibehörde übertragen wird, ist in Wegfall gekommen. Auch über das Vorliegen eines solchen Befreiungsgrundes hat der Verwaltungsrichter zu entscheiden.

Nr. 90.

Endurteil des I. Senats vom 16. Mai 1888 (Entsch. Bd. XVI. S. 49).

1) Auf Grund des § 11 der altländischen Städteordnung vom 30. Mai 1853 war folgendes Ortsstatut erlassen: § 1. In allen Straßen und Straßenteilen der Stadt haben auf Anordnung der Ortspolizeibehörde die Eigentümer der angrenzenden Häuser, Hofräume und Gärten auf ihre Kosten Bürgersteige, den baupolizeilichen Vorschriften gemäß, herzustellen. Von den Kosten dieser Herstellung wird den Eigentümern ein Drittel aus der Stadthauptkasse erstattet, sofern die Anlegung des Bürgersteiges von den Stadtbehörden gutgeheißen und die Ausführung des Baues von den beteiligten Hauseigentümern der städtischen Bauverwaltung überlassen worden ist. § 2. Die Unterhaltung und Erneuerung der nach den polizeilichen Vorschriften (§ 1) hergestellten Bürgersteige wird durch die Stadtgemeinde auf ihre Kosten bewirkt. § 3. Die in Ausführung dieses Statuts von der Stadtgemeinde für die Grundstückseigentümer verlegten Kostenbeträge können von dem Verpflichteten im Verwaltungszwangsverfahren eingezogen werden. § 4. Die Vorschriften des Ortsstatuts vom 24. August 1875, betreffend die Anlegung, Veränderung und Bebauung von Straßen und Plätzen in der Stadt E. werden durch diese Bestimmungen (§§ 1—3) nicht berührt.

In dem Bestätigungsverfahren vor dem Bezirksausschusse und dem Provinzialrat entstand zwischen diesen beiden Behörden und später auch zwischen dem Oberpräsidenten und dem Provinzialrat eine Meinungsverschiedenheit über die Frage, ob den Eigentümern der städtischen Grundstücke die obigen Verpflichtungen nur auf Grund eines auf Observanz beruhenden Lokalrechtes, oder auch unabhängig von einem solchen neu auferlegt werden können. Der ersteren Ansicht waren der Bezirksausschuß und der Oberpräsident, der letzteren der Provinzialrat und die beigeladene Stadtgemeinde.

Das Ober-Verwaltungsgericht trat dem auf Grund des § 126 des Landesverwaltungsgesetzes vom 30. Juli 1883 gegen den Beschluß des Provinzialrates klagenden Oberpräsidenten bei, weil die städtischen Organe durch Beschließung des obigen Statuts ihre gesetzlichen Befugnisse, statutarische Anordnungen zu treffen, überschritten hatten.

2) Mangels eines besonderen örtlichen Rechtes, welches den Anliegern von städtischen Straßen die Unterhaltung des Bürgersteiges und der öffentlichen Straße überhaupt auferlegt, liegt diese Verpflichtung lediglich der Stadtgemeinde ob. (Siehe das Beispiel von Berlin in dem Stammwerke S. 322 Nr. 30.) Wenn in einzelnen Fällen neben der Observanz auch auf „Statuten" als eine mögliche Rechtsquelle hingewiesen ist, so kann dies sehr wohl geschehen, da solche Statuten teils in älterer Zeit unter landesherrlicher Approbation rechtsverbindlich (d. h. mit der Kraft von Gesetzen) ergangen sind, teils in neuerer Zeit auf der Grundlage des örtlichen Gewohnheitsrechtes, namentlich zur Entbürdung der Eigentümer der an die Straße grenzenden Grundstücke.

3) Nach § 4 Abs. 1 der Städte-Ordnung vom 30. Mai 1853 sind alle Einwohner des Stadtbezirks zur Mitbenutzung der öffentlichen Gemeindeanstalten der Stadt berechtigt und zur Teilnahme an den städtischen Gemeindelasten nach Maßgabe der Städte-Ordnung verpflichtet. Hiermit ist, soweit es sich um die Teilnahme an den städtischen Gemeindelasten handelt, wohl nicht ein Mehreres ausgesprochen, als daß alle persönlichen und nicht persönlichen Befreiungen von den Gemeindelasten, soweit sie das Gesetz nicht ausdrücklich statuiert, grundsätzlich ausgeschlossen sind. Darüber hinaus ist aber für die Verteilungsmaßstäbe, welche dem Kommunalsteuersystem zu Grunde gelegt werden können, gar nichts bestimmt, namentlich nicht, daß jede Kommunalsteuer, um zulässig zu sein, notwendig alle Einwohner des Stadtbezirks treffen müsse. Dagegen spricht die Möglichkeit der kommunalen Zuschläge zu den Real-Staatssteuern und der besonderen kommunalen Grund- und Gebäudesteuern. Dem gegenüber erscheint es mindestens bedenklich, gleichwohl die sogenannte Zweckbesteuerung (Steuer für bestimmte Zwecke, z. B. zur Herstellung von Bürgersteigen) durch den Absatz 1 im § 4 für rechtsgrundsätzlich ausgeschlossen zu erklären.

D. Städtische Wahlen.

Nr. 8.

(Einzuschalten auf S. 63 des I. Supplementbandes.)

Endurteil des II. Senats vom 28. Juni 1887 (Entsch. Bd. XV. S. 34).

1) § 26 Abs. 4 der Städteordnung vom 30. Mai 1853 schreibt vor, daß, wenn bei der Stadtverordnetenwahl der erste Wahlgang kein definitives Resultat ergeben hat, die Wähler von dem Wahlvorstande sofort oder binnen 8 Tagen zur zweiten Wahl zu berufen sind, nicht aber, daß die zweite Wahl sofort oder binnen 8 Tagen stattfinden soll.

2) Für diese zweite Berufung verbleibt es bei der Vorschrift des § 23 a. a. O., daß dieselbe 14 Tage vor der Wahl stattfinden soll; ferner ist mit derselben eine Bekanntmachung des Ergebnisses der ersten Wahl zu verbinden. Es ist sonach unzulässig, beide Wahlgänge im unmittelbaren Anschluß hinter einander vorzunehmen.

3) Die durch § 26 Abs. 4 vorgeschriebene Aufforderung der Wähler unterscheidet sich von der im § 23 vorgesehenen Berufung zu den Wahlen nur dadurch, daß sie nicht von dem Magistrate, sondern von dem Wahlvorstande zu erlassen ist und neben der genauen Bestimmung des Lokals, der Tage und der Stunden, in welchen die Stimmen bei dem Wahlvorstande abzugeben sind, auch die Angabe des Ergebnisses der ersten Wahl enthalten muß.

Nr. 9.

Endurteil des II. Senats vom 29. Juni 1888 (Entsch. Bd. XVI. S. 59).

1) Die Frage, wie lange im Geltungsbereiche der Städte-Ordnung vom 30. Mai 1853 (§ 28) die bei der regelmäßigen Ergänzung der Stadtverordneten-Versammlung ausscheidenden Mitglieder noch über den Anfang des nächstfolgenden Jahres hinaus in Thätigkeit zu bleiben haben, wird dahin beantwortet, daß jeder Ausscheidende bis zur Einführung des für ihn neugewählten Mitgliedes in Thätigkeit bleibt, es ist aber nicht die entgegenstehende Ansicht als zutreffend anzuerkennen, daß die Ausscheidenden nur bis zum regelmäßigen Einführungstage der neugewählten Mitglieder in Thätigkeit bleiben, d. h. bis zu demjenigen Tage, an welchem alle Neugewählten, bei denen die Einführung nicht wegen Hindernisse in der Person oder wegen Beanstandung der Wahl unterbleiben muß, eingeführt werden.

2) In dem vorliegenden Falle war die Stadtverordnetenversammlung der ersteren (richtigen) Ansicht, der Magistrat der andern (unrichtigen) gewesen; letzterer hatte den Beschluß der ersteren auf Grund des § 15 des Zuständigkeitsgesetzes vom 1. August 1883 beanstandet, und dies war auch durchaus zulässig. Dagegen war für diese Frage die Stadtverordnetenversammlung im Unrecht, indem sie annahm, der Magistrat hätte von dem ihm im § 11 des Zuständigkeitsgesetzes gewährten Klagerechte Gebrauch machen müssen. Nach § 11 steht dem Magistrat die Klage nur in den Fällen des § 10 zu; um einen solchen Fall handelte es sich aber nicht. Denn alle Beschlüsse der Gemeindevertretung (Stadtverordnetenversammlung) können gemäß § 10 Nr. 1 nur auf Beschwerden und Einsprüche ergehen, der Magistrat gehört aber nicht zu denjenigen Beteiligten, welche Beschwerden und Einsprüche zu erheben haben, auch war dem betreffenden Stadtverordneten das Recht zur Teilnahme an der Stadtverordneten-Versammlung nicht wegen Mangels an dem Besitze des Bürgerrechts, sondern wegen Ablauf der Wahlperiode bestritten worden. Auch auf § 10 Nr. 2 konnte sich die Stadtverordneten-Versammlung zur Begründung ihrer Ansicht nicht stützen, weil die Gültigkeit einer Wahl gar nicht in Frage stand.

Nr. 10.

Endurteil des II. Senats vom 17. Februar 1888 (Entsch. Bd. XVI. S 73).

1) Der § 17 der Städte-Ordnung vom 30. Mai 1853 bestimmt, wer nicht Stadtverordneter sein kann. Unter Nr. 6 werden aufgeführt: „die Polizeibeamten". Dazu gehören auch die Eisenbahn-Polizeibeamten (§ 66 des Bahn-Polizei-Reglements vom 30. November 1885 (R.-G.-Bl. S. 313). Es handelte sich um die Wahl eines Eisenbahn-Betriebs-Ingenieurs zum Stadtverordneten.

2) Wegen des Begriffs „Eisenbahn-Polizei" verweist der hohe Gerichtshof auf den Aufsatz in der Wochenschrift „Selbstverwaltung" Jahrgang IX S. 193.

IV.

Amtsverbände.

(Einzuschalten auf S. 104 des Stammwerkes.)

Nr. 13.

Endurteil des I. Senats vom 11. April 1888 (Entsch. Bd. XVI. S. 44).

1) Die Amtsbezirke haben nicht gleich den politischen Gemeinden und Kreisen eine gesetzlich nicht umgrenzte Vollmacht bekommen, Ausgaben im

Interesse ihrer Verbände zu beschließen; ihre Befugnisse sind vielmehr durch die §§ 52, 53 der altländischen Kreisordnung (Schleswig-Holstein §§ 39—49) abgeschlossen.

2) Zu den Kosten der Amtsverwaltung (altländische Kr.-O. §§ 52, 1 u. 70 Abs. 4) gehören lediglich diejenigen persönlichen und sachlichen Aufwendungen, welche die Verwaltung des Polizeiamts verursacht, im Gegensatz zu den Kosten öffentlicher, polizeilichen Zwecken dienender kommunaler Einrichtungen, welche bereits vor Erlaß der Kreisordnung den politischen Gemeinden, Gutsbezirken, Wegeverbänden, Armenverbänden u. s. w. oblagen und von den Bestimmungen der Kreisordnung über die Amtsbezirke zunächst unmittelbar nicht berührt worden sind. (Vergl. schleswig-holsteinsche Kreisordnung §§ 52—65.)

3) Unter den „einzelnen Kommunalangelegenheiten", welche die Gemeinden nach § 53 a. a. O. dem Amtsbezirke überweisen dürfen, kann nichts anderes verstanden sein als: einzelne Gebiete, einzelne Zweige der kommunalen Gemeindeverwaltung. In demselben Umfange, in welchem so ein Verwaltungsgebiet einem Amtsbezirk überwiesen wird, scheidet dasselbe aus der Verwaltung der Einzelgemeinden aus. Eine konkurrierende und auf denselben Gegenstand bezügliche Verwaltung einerseits des Amtsbezirks und andererseits der ihn bildenden Einzelgemeinden kennt das Gesetz nicht.

V.

Landgemeinden und Gutsbezirke.

A. Gemeindeabgaben und -Dienste, Gemeindevermögen.

Nr. 91.

(Einzuschalten auf S. 68 des I. Ergänzungsbandes.)

Endurteil des I. Senats vom 7. Mai 1887 (Entsch. Bd. XV. S. 188).

1) Auch das Gemeindegliedervermögen — im Gegensatze zum Klassen- und Interessentenvermögen — gilt gesetzlich als Gemeinde-Korporationsvermögen, auch Dotationsvermögen genannt. (§§ 28 ff., Tit. 7 Teil II. A. L.-R.'s, § 72 Tit. 6 und § 160 Tit. 8 a. a. O., § 17 der Gemeinheitsteilungsordnung vom 7. Juni 1821, § 1 Abs. 2 und 3 der Deklaration, betreffend das nutzbare Gemeindevermögen vom 26. Juli 1847 (G.-S. S. 327).

2) Auch die Abfindung für die Nutzungsrechte der Gemeindeglieder und Einwohner fällt mit der Maßgabe unter das Korporationsvermögen, daß die Benutzung derselben deren Privatvermögen ausmacht.

3) Aus der Bezeichnung der Realitäten als Eigentum der politischen Gemeinde allein folgt noch keineswegs von selbst deren Eigenschaft als Korporationsvermögen in dem Sinne, daß dessen Nutzung ausschließlich zur Bestreitung der Lasten und Ausgaben der Gemeinde bestimmt ist (das in den Städten sogenannte Kämmereivermögen), sondern es bleibt die Möglichkeit offen, daß darunter Gemeindevermögen („Allmenden", in den Städten „Bürgervermögen") begriffen ist.

3) Eine Wiese, deren Pachteinkünfte seit langer Zeit zur Gemeindekasse vereinnahmt worden sind, ist wegen dieses langjährigen herkömmlichen Verfahrens als Gemeindevermögen im engeren Sinne anzusehen.

4) Nach § 6 des Fischereigesetzes vom 30. Mai 1874 (G.-S. S. 197) sollen Fischereiberechtigungen, welche, ohne mit einem bestimmten Grundbesitze verbunden zu sein, bisher von allen Einwohnern oder Mitgliedern einer Ge-

meinde ausgeübt werden konnten, künftig in dem bisherigen Umfange nur der politischen Gemeinde zustehen. Hieraus folgt, daß mit dem Inkrafttreten des Fischereigesetzes die Fischereiberechtigungen auf die politische Gemeinde in der Weise übergegangen sind, daß derselben nicht nur die Ausübung, sondern auch das Eigentum und die Nutzungen zustehen.

Nr. 92.

Endurteil des I. Senats vom 17. September 1887 (Entsch. Bd. XV. S. 194).

1) Als Betriebsstätte im Sinne des § 2 des Kommunalabgabengesetzes vom 27. Juli 1885 ist bei landwirtschaftlich benutzten Grundstücken nicht die Stelle, von welcher aus die Bewirtschaftung betrieben wird (Hof, Gehöft, Vorwerk), sondern das Grundstück selbst anzusehen. Dabei macht es keinen Unterschied, ob das Grundstück verpachtet ist oder von dem Eigentümer selbst für eigene Rechnung genutzt wird.

2) Die Worte im § 2, Abs. 1 des Gesetzes vom 27. Juli 1885, „welche ermächtigt ist, Rechtsgeschäfte im Namen und für Rechnung des Inhabers beziehungsweise der Gesellschaft selbst abzuschließen“, beziehen sich lediglich auf das vorhergehende Wort „Agentur“, nicht aber auch auf die Betriebs- und Werkstätten.

3) Der Abs. 4 des § 2 enthält nur die Vorschrift, daß jeder abgabenpflichtige Grundstückskomplex des Staatsfiskus, sowie jede abgabenpflichtige Unternehmung desselben in Beziehung auf die Abgabenpflicht als selbständige abgabenpflichtige Person gelten soll, woraus für die Begriffsbestimmung des Wortes „Betriebsstätte“ so wenig etwas entnommen werden kann, wie für die Beantwortung der sich daran knüpfenden weiteren Frage, ob ein derartiger Grundstückskomplex, auch wenn die dazu gehörigen Grundstücke in verschiedenen Gemeindebezirken belegen sind, dennoch ausschließlich dem Besteuerungsrechte derjenigen Gemeinde unterworfen sei, in deren Bezirk der Wirtschaftshof oder, wie bei einer aus einem Hauptgute und mehreren Vorwerken bestehenden Domäne, der Hauptwirtschaftshof liegt.

4) Im Abs. 1 des § 2 werden die Betriebsstätten mit den Werkstätten auf eine Linie gestellt; zu den letzteren gehören auch die Speicher und Magazine an den Ufern der Hafenbassins, bei welchen das Kriterium der Selbständigkeit des Betriebs ebensowenig zutrifft, wie bei einem einzelnen landwirtschaftlich benutzten Grundstücke.

5) Unter den in Abs. 1 des § 2 „neben den Stationen die für sich bestehenden Betriebsstätten“ sind nur solche zu verstehen, die zum Eisenbahnbetrieb gehören.

6) Auch mit den Bestimmungen des § 7 des Gesetzes würde es nicht im Einklange stehen, wenn man unter Betriebsstätten im Sinne des § 2 nur selbständige Betriebsstätten verstehen wollte.

Nr. 93.

Endurteil des I. Senats vom 24. September 1887 (Entsch. Bd. XV. S. 202).

1) Eine offene Handelsgesellschaft darf als solche nicht zu der Gemeindesteuer herangezogen werden, sondern nur die einzelnen Mitglieder derselben. Dergleichen Gesellschaften sind nicht juristische Personen, insbesondere nicht im Sinne des § 1 Abs. 1 des Gesetzes vom 27. Juli 1885.

2) Das Geschäft der Verkaufskommission umfaßt begriffsmäßig nur den im Namen des Kommissionärs für Rechnung des Kommittenten erfolgenden Abschluß des Kaufgeschäfts mit dem Dritten. Ueber den Umfang des Geschäftsbetriebes des Kommissionärs entscheidet der diesem erteilte Auftrag. Wenn

bei kommissionsweise erfolgten Kohlenverkäufen die Verladungen ausschließlich von der Grube und durch die Grubenbeamten besorgt werden, so kann hieraus das Vorhandensein einer die Kommunalsteuerpflicht begründenden Betriebsstätte des auswärts wohnenden Kommissionärs am Sitze der Grubenverwaltung nicht gefolgert werden.

3) Zum Begriff einer Verkaufsstätte gehört nicht notwendig das Vorhandensein einer Niederlage. Doch kann der Ort, an welchem Verkäufe nur gelegentlich und nicht in der Absicht der Wiederholung vorgenommen werden, nicht als eine Stätte des Verkaufs bezeichnet werden.

Nr. 94.

Endurteil des I. Senats vom 11. Juni 1887 (Entsch. Bd. XV. S. 207).

1) Nach Vorschrift des Gesetzes vom 8. März 1871 muß das auf Antrag des Gutsbesitzers erlassene Statut wegen Regelung der Armenpflegekosten im Gutsbezirk den gesetzlichen Bestimmungen über die Verteilung der Kommunallasten in den ländlichen Gemeinden folgen. Zu diesen gehören jetzt auch die Vorschriften des Kommunalabgabengesetzes vom 27. Juli 1885, welche also auf die Erhebung der Beiträge im Gutsarmenverbande gleichfalls Anwendung finden, auch wenn sie in das Statut nicht aufgenommen sind. (§ 8 des Gesetzes vom 8. März 1871 — G.-S. S. 130 —).

2) Der Umlage der im besonderen Falle erwachsenen Armenpflegekosten muß jedesmal ein Beschluß der Beteiligten oder, wenn ein solcher nicht zu Stande kommt, die Anordnung der Aufsichtsbehörde vorangehen. Ohne diese Voraussetzung fehlt dem Gutsvorsteher die rechtliche Grundlage für die Ausschreibung der Beiträge.

3) Dem Richter im Verwaltungsstreitverfahren ist es bei der in demselben herrschenden Untersuchungs- oder Offizialmaxime keineswegs verwehrt, den Klagegrund unter einem vom Klagevortrage abweichenden Gesichtspunkte zu beurteilen.

Nr. 95.

Endurteil des I. Senats vom 7. April 1888 (Entsch. Bd. XVI. S. 193).
(Selbstverw. 1888 S. 164.)

Ein Gemeindebeschluß, nach welchem eine einzelne Steuer für einen einzelnen bestimmten kommunalen Zweck mit einem besonderen höheren Zuschlage als die übrigen Steuern herangezogen werden soll, ist ein solcher, der von der Einführung einer besonderen Kommunalsteuer handelt und daher gemäß § 31 Abs. 4 Zuständ.-Ges. der ministeriellen Genehmigung bedarf.

Nr. 96.

Plenarentscheidung vom 18. Januar 1888 (Entsch. Bd. XVI. S. 196)

1) Das Bergwerkseigentum umfaßt das durch die Verleihungsurkunde erteilte Bergbaurecht und in notwendiger Verbindung mit diesem zugleich das dingliche Recht an fremden Grundstücken, die verliehenen Mineralien in diesen aufzusuchen und zu gewinnen; sein Zubehör sind die oberirdischen Anlagen zum Zweck dieser Gewinnung. Der Besitz des Bergwerkseigentums vollzieht sich daher in denjenigen Gemeindebezirken, unter denen das verliehene Feld liegt und in welchen unbewegliche Zubehörstücke vorhanden sind. Gehören diese nicht dem Eigentümer, sind vielmehr von dem Pächter zum Zwecke des Pachtbetriebes in eine nicht fortwährende Verbindung mit dem Bergwerk gebracht, so bilden

sie keine Pertinenz desselben — §§ 42, 60, 108 A. L.-R. I. 2 — und können auch einen Besitz des Bergwerkseigentümers in derjenigen Gemeinde, in welcher sie liegen, nicht begründen.

2) Der § 2 des Kommunalabgabengesetzes vom 27. Juli 1885 regelt die Ausführung des in § 1 aufgestellten Grundsatzes. Indem er bestimmt, unter welchen näheren Umständen ein Betrieb (Abs. 1) und der Besitz der zu einem solchen dienenden Grundstücke (Abs. 2, 3) eine Abgabepflicht begründet, geschieht dies unter dem selbstverständlichen und darum nicht besonders erwähnten Vorbehalt, daß auf diesen Besitz die übrigen, im § 1 erwähnten Voraussetzungen der Steuerpflicht zutreffen. Die beiden letzten Absätze des § 2 handeln sonach nur von dem Falle, daß das gesamte zu einem Gewerbebetriebe gehörige sachliche Substrat einen Eigentümer hat, und daß diese zu einem Betriebe vereinigten sachlichen Güter in verschiedenen Gemeinden liegen, so daß also jede Gemeinde an sich Belegenheitsgemeinde ist. Für diesen Fall bestimmt Abs. 2, wie zu verfahren ist, wenn der Eigentümer den Betrieb selbst führt. Und Abs. 3 ordnet, wenn die gewerbliche Anlage von dem Eigentümer nicht betrieben wird, sondern verpachtet ist, an, daß nur diejenige Gemeinde zur Steuererhebung berechtigt sein soll, in welcher ein Betrieb stattfindet.

Nr. 97.

Endurteil des I. Senats vom 14. April 1888 (Entsch. Bd. XVI. S. 211).

1) Nachforderungen von Staatssteuern sind nach § 6 des Gesetzes vom 18. Juni 1840 (G.-S. S. 140) nur für das Kalenderjahr zulässig; nach § 1 Abs. 3 des Gesetzes vom 12. Juli 1876 (G.-S. S. 288) erfolgt die Berechnung der im ersteren Gesetze vorgeschriebenen Verjährungsfristen, und zwar vom 1. April 1877 ab (vergl. § 3 a. a. O.) nach dem Etatsjahre. Dadurch sind die auf die Staatssteuern bezüglichen Vorschriften des Gesetzes vom 18. Juni 1840 geändert, und die so geänderten Vorschriften finden gemäß § 14 a. a. O. auch auf Gemeindesteuern Anwendung. Hiernach entscheidet sich das Recht der Gemeinden zu Nachforderungen auch hinsichtlich des Etatsjahres.

2) Nach § 3 Abs. 1 des Gesetzes vom 27. Juli 1885 sind die Gemeinden bei Ermittelung des ihnen steuerpflichtigen Einkommens an die staatlichen Einschätzungsgrundsätze und nach Abs. 3 auch an das Ergebnis der staatlichen Einschätzung insoweit gebunden, als eine solche stattzufinden hat. Hieraus ist zu entnehmen, daß die Forensalgemeinde bei Ermittelung des in ihr zufließenden Teileinkommens eines Forensen, dessen Gesamteinkommen zur Staatssteuer geschätzt ist, an dieses Ergebnis gebunden ist, dabei fragt es sich aber doch, ob der Maximalsatz der Staatssteuerstufe für alle beteiligten (Forensal- und Wohnsitz) Gemeinden, oder ob für die einzelne Forensal-Gemeinde der von der Staats-Einschätzungs-Kommission ermittelte Ertrag der einzelnen Unternehmungen, Grundbesitzungen u. s. w. des Zensiten maßgebend bleiben soll. In dieser Beziehung enthält eine Entscheidung vom 3. Mai 1887 den Grundsatz: „Soweit das Gesamteinkommen als zu berücksichtigender Faktor in Frage kommt und eine staatliche Feststellung des letzteren stattgefunden hat, wird der Regel nach von diesem auch für die Gemeindebesteuerung auszugehen sein. Dies bezieht sich jedoch nur auf die Anwendung der §§ 9 und 10 des Gesetzes vom 27. Juli 1885, mithin auf die Besteuerung durch die Wohnsitzgemeinden, welche nach positiver Vorschrift des § 10 zu diesem Zwecke zuerst das Gesamteinkommen des Zensiten, dann dessen aus auswärtigen Quellen fließendes Einkommen zu ermitteln und nach Verhältnis beider die besteuerungsfähige Quote des Prinzipalsteuersatzes zu ermitteln haben. Dagegen müssen die Forensal-

Gemeinden das ihrer Besteuerung unterliegende Reineinkommen des Forensen unmittelbar — nicht in Form einer Quote seines Gesamteinkommens schätzen und von dem so geschätzten Betrage nach ihrem Tarife die Steuerstufe und den Prinzipalsatz feststellen.

3. Der § 7 des Gesetzes vom 27. Juli 1885 kann nur auf einheitliche Unternehmungen, deren Betriebsstätten in verschiedenen Gemeinden liegen, nicht auf das gesamte gewerbliche Einkommen eines Zensiten Anwendung finden, wenn letzteres aus mehreren selbständigen Unternehmungen fließt, und noch weniger auf das Einkommen aus einem gewerblich nicht genutzten Grundbesitz.

Nr. 98.

Endurteil des I. Senats vom 10. März 1888 (Entsch.-Bd. XVI. S. 218).

1) Die Zwangsetatisierung gemäß § 35 Zuständigk.-Ges. vom 1. August 1883 darf erst erfolgen, wenn die bezügliche, der Landgemeinde gesetzlich obliegende Leistung von der zuständigen Behörde festgestellt worden ist. Die Feststellung muß der die Zwangsetatisierung aussprechenden Verfügung vorausgehen. Ist die zuständige Behörde der Landrath selbst, so darf er sonach Feststellung und Zwangsetatisierung nicht in einer Verfügung verbinden.

2) Ist der Landrath als Kommunalaufsichtsbehörde zur Feststellung der Leistung zuständig, so kann in der Seitens des Kreisausschusses an die Gemeinde gerichteten Zahlungsaufforderung ein Ersatz für die ausdrückliche Feststellung nicht gefunden werden.

3) Unter „den Gemeinden gesetzlich obliegende Leistungen" sind nur solche zu verstehen, welche denselben durch das Gesetz, bezw. durch eine nach Maßgabe des Gesetzes von der zuständigen Behörde gefaßte Entschließung auferlegt sind, dagegen nicht solche Leistungen, welche auf Grund der ihr gesetzlich eingeräumten Befugnis die Gemeinde über ihre Verpflichtung hinaus vertragsmäßig und freiwillig übernommen hat.

4) Nach dem in Preußen geltenden öffentlichen Rechte besteht weder für die Kreise die Verpflichtung zum Bau von Chausseen, noch für die Gemeinden die Verpflichtung zur Gewährung von Zuschüssen zu solchen Bauten.

C. Grenzen der Gemeinden und Gutsbezirke, Angelegenheiten der letzteren.

(Einzuschalten auf S. 158 des Stammwerkes.)

Nr. 22.

Endurteil des I. Senats vom 1. Februar 1888 (Entsch. Bd. XVI. S. 224).

1) Ein Gut kann als selbständiger Gutsbezirk, dessen Eigentümer der Gutsherr des durch dasselbe gebildeten Kommunalverbandes, anerkannt werden, wenn entweder dargethan wird, daß dem Gute diese Eigenschaft besonders verliehen ist, oder daß, wenn dies nicht der Fall, es zu denjenigen Gütern gehört, mit deren Besitz ehedem das Recht auf Unterthanen, herrschaftliche Rechte über solche, verbunden waren. Diese Voraussetzungen darzuthun, liegt demjenigen ob, welcher die streitige Eigenschaft behauptet.

2) Köllnische Güter in Westpreußen waren unadelige Güter, welche, wenn sie nicht mit bäuerlichen Grundstücken vermischt in einer Feldmark lagen, vollständig freies Eigentum mit gewissen Vorrechten waren. Preußische Freigüter waren solche, welche während der Ordensherrschaft an eingeborene Preußen

als Lehn gegeben wurden, frei von Zehnten und Scharwerkspflicht, belastet mit Burg- und Kriegsdiensten, ausgestattet mit dem Recht, freie Hintersassen zu setzen.

Nr. 23.

Endurteil des I. Senats vom 10. November 1886 (Entsch. Bd. XVI. S. 229).

Charakterisierte sich auch der Besitz nach Köllnischem Rechte als freies Allodial-Eigentum, schloß derselbe auch ferner namentlich die Befreiung von allem Scharwerk in sich, so daß das Ostpreußische Provinzialrecht die Köllner nicht zum Bauernstande rechnen konnte, so schließt doch andererseits die Vergebung nach Köllnischem Rechte keineswegs regelmäßig die Verleihung herrschaftlicher Rechte über Unterthanen in sich. Die Köllnischen Güter stehen den Rittergütern nicht gleich.

Nr. 24.

Endurteil des I. Senats vom 20. November 1886 (Entsch. Bd. XVI. S. 230).

Für die Eigenschaft eines „adligen Gutes" in Ostpreußen ist allein entscheidend, ob die Verleihung mit adligen Gerechtigkeiten erfolgte, gleichgültig ist dagegen, welcher Art der gleichzeitig verliehene privatrechtliche Besitz am Gute war. Auf dieses Besitzrecht allein bezieht sich aber die Vergebung entweder nach Köllnischem Rechte, welche zu Beginn der Ordensherrschaft auch für adligen Besitz die Regel war, oder nach Magdeburgischem Rechte, insofern als ersteres das wirkliche Eigentum, letzteres aber Lehnrecht gewährte.

Nr. 25.

Endurteil des I. Senats vom 21. März 1888 (Entsch. Bd. XVI- S. 231).
(Selbstverw. 1888 S. 196.)

Für die Entscheidung der Frage, ob ein Gut Gutsbezirk, sein Besitzer Gutsherr ist, kommt lediglich die öffentliche, obrigkeitliche Seite der Gutsherrschaft, die Gutsherrlichkeit, in Betracht. Es ist nicht maßgebend, ob der Erbpächter und spätere Eigentümer des Guts zu einzelnen Einsassen des Guts privatrechtlich in die Stellung des Gutsherrn trat.

Ist der Gutsherr Obrigkeit eines Vorwerks nicht lediglich als dessen Eigentümer, so daß dieses Vorwerk in bestimmten Grenzen das Substrat der Gutsherrlichkeit für einen entsprechend begrenzten Bezirk gebildet hätte, sondern als Gutsherr und Obrigkeit eines größeren Bezirks geworden, so kann diesem Vorwerk die Eigenschaft eines s e l b s t ä n d i g e n Gutsbezirks nicht zugesprochen werden.

E. Gemeindewahlen.

Nr. 20.

(Einzuschalten auf S. 71 des I. Supplementbandes.)

Endurteil des I. Senats vom 7. Mai 1887 (Entsch. Bd. XV. S. 169).

1) Die Forensen gehören nicht zu den stimmfähigen Mitgliedern einer Landgemeinde. Vielmehr sind zur Teilnahme an der Gemeindeversammlung nur die in der Gemeinde angesessenen Wirte, nicht aber die außerhalb wohnenden Besitzer in der Gemeindefeldmark belegener bäuerlichen Grundstücke berechtigt.

2) Die in dem Präjudiz des Obertribunals vom 26. Oktober 1838 (Präjudiziensammlung I. S. 177) entwickelte Ansicht, daß die im Allg. Land-

recht II. 7, § 18 genannten „Besitzer bäuerlicher Grundstücke" dasselbe seien, wie die in § 20 a. a. O. erwähnten „angesessenen Wirte", ist nicht zutreffend, wohl aber die dem entgegenstehende in dem Ministerialerlaß vom 30. Juli 1846 (Min.-Bl. d. i. V. S. 132) verfochtene Auffassung.

3) Das Wort „angesessen", „ansässig" bedeutet „mit liegenden Gründen oder unbeweglichen Gütern an einen Ort gebunden" und ist durchaus nicht beschränkt auf Wohngebäude, Wohnsitz und Wirtschaftsgebäude. Das Wort „Wirt" bezeichnet jeden Ackerbau treibenden Landbewohner, möge er sein Domizil im Bereich eines Dorfes oder in einer abgesonderten Besitzung haben, allein unter einem in einer bestimmten Gemeinde angesessenen „Wirte" kann füglich nur der verstanden werden, welcher auf dem von ihm in dieser Gemeinde besessenen Grundstücke Landwirtschaft betreibt, zu diesem Behufe daselbst Wohn- und Wirtschaftsgebäude besitzt, mögen dieselben im Dorfe selbst oder auf der Dorffeldmark belegen sein, und in demselben seinen Wohnsitz hat.

Nr. 21.

Endurteil des I. Senats vom 14. September 1887 (Entsch. B. XV. S. 181).

1) Im Geltungsbereich der Landgemeinde-Ordnung vom 14. April 1856 kann sich seit Erlaß des Gesetzes eine Observanz nicht neu bilden, welche die Teilnahme am Gemeindestimmrecht in einer den in § 5 Nr. 1, 2 daselbst gegebenen Vorschriften zuwiderlaufend regelt.

2) Den §§ 5 und 6 des Landgemeinde-Verfassungsgesetzes vom 14. April 1856 ist die unmittelbare Rechtswirkung abzusprechen, dieselben sind vielmehr nur auf den Fall anwendbar, wo gemäß § 4 desselben Gesetzes das Stimmrecht in einer Gemeinde neu geregelt wird.

3) Das partikuläre Gewohnheitsrecht und die Ortsobservanz bestehen aus Rechtssätzen, welche innerhalb eines bestimmten Interessentenkreises die Teilnehmer desselben in der innern Ueberzeugung von deren rechtlicher Notwendigkeit unter vorausgesetzter stillschweigender Zustimmung der gesetzgebenden Gewalten fortgesetzt befolgt haben. An dieser letzteren Voraussetzung fehlt es gänzlich, wenn die Uebung einem allgemeinen Landesgesetze zuwiderläuft.

4) Auch der Ortsobservanz und dem partikulären Gewohnheitsrechte liegt ganz wie dem Statutarrechte das autonomische Bestimmungsrecht der Gemeinden zu Grunde. Es findet daher gleich diesem seine Schranke in den Vorschriften, welche das allgemeine Landesgesetz mit präzeptiver Kraft aufstellt. Die zunächst nur für die Fortbildung der ländlichen Gemeindeverfassungen auf statutarischem Wege gegebenen Bestimmungen bleiben auch maßgebend da, wo diese Fortbildung im Wege der Observanz erfolgt.

5) Handeln die bei der Bildung einer Observanz Beteiligten unter dem Einfluß der irrigen Annahme, daß ihr Verfahren eine zwingende Folge gegebener, in der Wirklichkeit nicht vorhandener, rechtlicher oder thatsächlicher Verhältnisse sei, so gebricht es an der für die Entstehung des Gewohnheitsrechtes erforderlichen Voraussetzung, daß die Gewohnheit von einer gemeinsamen Rechtsüberzeugung ausging und nicht erweislich von einem Irrtum, welcher jene Ueberzeugung notwendig ausschließt.

6) Die in die äußere Erscheinung tretende Thätigkeit der Beteiligten reicht allein nicht aus, zu dem Anerkenntnisse eines Gewohnheitsrechtes, einer Observanz zu führen, wenn ihr nicht zugleich der innere Rechtsgrund entspricht.

7) Die gleichmäßige Uebung darf nicht auf einer Grundlage beruhen, welche sich hinterher als irrig herausstellt. Es darf keinesfalls die Annahme

aufkommen, daß, wenn der Irrtum als solcher erkannt wäre, die Beteiligten anders verfahren haben würden und nicht so, wie geschehen, gehandelt hätten.

8) Der § 5 Nr. 2 des Gesetzes vom 14. April 1856 läßt unter der Voraussetzung des Bestehens einer wirklichen, nicht auf Irrtum beruhenden Observanz für Forensen die Teilnahme am Stimmrechte offen.

F. Armenangelegenheiten.

(Neue Rubrik.)

Nr. 1.

Endurteil des I. Senats vom 28. April 1888 (Entsch.=Bd. XVI. S. 236).

1. Die Veränderung der Grenzen der Gemeinde= und Gutsbezirke durch Ex= und Inkommunalisierungen zieht die Veränderung der Grenzen der Gesamt=Armenverbände, zu denen jene gehören, von selbst nach sich.

2. Der an die Einwilligung der Beteiligten hinsichtlich solcher Veränderungen geknüpfte Vorbehalt, betreffend die auf Grund des § 1 Abs. 6 des Landgemeinde=Verfassungsgesetzes vom 14. April 1856 zu bewirkende Auseinandersetzung hat keinen andern Inhalt, als was sich aus dem Gesetze als Folge der Bezirksveränderung schon von selbst ergiebt. Daraus folgt, daß derartige Einwilligungen als bedingungslos erteilte anzusehen sind.

3. Haben bei zerstückelten Gutsbezirken die beteiligten Restgutsbesitzer und die Eigentümer abzutretender Grundstücke ihre Einwilligung erteilt und hat der Kreisausschuß auf Grund dessen die Abtrennung beschlossen, so bedarf es nicht weiter der Einwilligung der Besitzer anderer etwa noch vorhandener Trennstücke, noch der Vorstände der Gesamt=Armenverbände, noch des Bezirksausschusses.

Nr. 2.

Endurteil des I. Senats vom 2. Mai 1888 (Entsch.=Bd. XVI. S. 242).

1. Eine aus § 44 Ziffer 1 des Zuständigkeitsgesetzes vom 1. August 1883 zu erhebende Klage ist nicht gegen den Gesamt=Armenverband als solchen zu richten, sondern gegen den Vorsitzenden der Vertretung desselben.

2. Wenn der Vorstand einer steuerberechtigten Korporation steuerartige Beiträge auch von solchen Personen erfordert, die der Korporation nicht angehören oder aus sonstigen Gründen nicht steuerpflichtig sind, so bleibt deren zu Unrecht erfolgte Heranziehung doch immer eine Heranziehung zu den Abgaben der Korporation, und der von einer solchen Abgabe gänzlich Befreite hat nicht weniger als der blos Überbürdete die Reklamation aus § 1 des Gesetzes vom 18. Juni 1840 (G.=S. S. 140) [vergl. auch Gesetz vom 12. April 1882 (G.=S. S. 297)] und die Klage aus §§ 18, 34, 46 und aus § 44 des Zuständigkeitsgesetzes vom 1. August 1883. Ob dieser Anspruch darauf gestützt wird, daß Kläger die erforderte Leistung überhaupt nicht schuldig oder darauf, daß der Beklagte zu der Forderung der an sich geschuldeten Leistung (z. B. der Vorsteher einer Landgemeinde zu der Ausschreibung von Kirchen= und Schulabgaben) nicht berechtigt sei, ist für die Zulässigkeit der Klage im Verwaltungsstreitverfahren gleichgültig; dieselbe hängt eben nicht davon ab, ob der beklagte Korporationsvorstand berechtigt war, die streitige Leistung als eine Abgabe an die von ihm vertretene Korporation zu fordern, sondern lediglich davon, ob er dieselbe thatsächlich als eine solche gefordert hat.

3. Eine Armenunterstützung hört dadurch, daß sie von einem Armenverbande nicht endgültig übernommen, sondern unter Vorbehalt der gänzlichen oder

teilweisen Erstattung durch andere Verbände oder Private nur vorläufig gewährt ist, nicht auf, eine Last der Armenpflege in dem ersteren Verbande zu bilden.

4. Wenn weder der Kläger persönlich, noch dessen Gutsbezirk dem betreffenden Gesamt-Armenverbande angehört, so ist der letztere — obwohl er gegen den ersteren einen dem Grunde nach anerkannten und nur im Betrage bestrittenen Rechtsanspruch auf teilweisen Ersatz der verlegten Kosten der gemeinsam gebliebenen Armenlast hat — dennoch nicht berechtigt, diesen Kostenteil im Wege der Besteuerung durch Ausschreibung und Zwangsbeitreibung zu erfordern, vielmehr kann er diesen Anspruch gegen den die Zahlung weigernden Kläger nur gemäß § 68 des Ausführungsgesetzes vom 8. März 1871 und auf einem der dort bezeichneten Wege entweder im Zivilprozesse oder nach §§ 37 und 38 des Reichsgesetzes vom 6. Juni 1870 bezw. § 39 des Zuständigkeitsgesetzes vom 1. August 1883 durch Klage beim Bezirksausschusse geltend machen.

5. Die auf diese Weise zu Unrecht eingezogenen Beiträge müssen zurückgezahlt werden, mit Ausnahme der Mahngebühren (vergl. wegen der letztern das Endurteil vom 9. Februar 1880 — Stammwerk S. 126 Nr. 44 sub 2 —).

VI.

Gemeindeholzungen.

(Einzuschalten auf S. 169 des Stammwerkes.)

Nr. 2.

Endurteil des I. Senats vom 18. Februar 1888 (Entsch. Bd. XVI. S. 335).

1) Mit der Revision der Betriebspläne, zu welcher der Regierungspräsident nach § 5 des Gesetzes, betreffend die Verwaltung der den Gemeinden und öffentlichen Anstalten gehörigen Holzungen vom 14. August 1876 (G.-S. S. 373) nicht nur befugt, sondern verpflichtet ist, ist die „Taxations-Revision" gleichbedeutend, welche als „die Aufstellung einer Generalbilanz der Waldwirtschaft, um zu ermitteln, wie das Resultat der letzteren sich nach dem festgestellten Betriebsplan stellt und welche Aenderungen des letzteren angezeigt sind", definiert wird.

2) Die Einreichung jährlicher Hauungs- und Kulturpläne kann — sofern die Nachhaltigkeit des Betriebes und die Nichtverletzung des § 2 des Gesetzes außer Frage steht — nach § 6 a. a. O. nur darauf begründet werden, daß der Betrieb dem festgestellten Plane nicht entspricht.

3) Für die Feststellung des Planes seitens des Regierungspräsidenten ist eine besondere Form nicht vorgeschrieben, dieselbe kann daher, wie sonstige Bestätigungen und Genehmigungen der Aufsichtsbehörde auch stillschweigend erfolgen. Die Eigenschaft eines so festgestellten Betriebsplanes geht auch dadurch nicht verloren, daß dessen Revision und anderweite Feststellung angeordnet, aber nicht erfolgt ist. Die Anordnung einer bloßen Prüfung, ob etwa eine bestehende Norm zu ändern sein wird, enthält nicht schon die Aufhebung der letzteren.

Zweite Abteilung.

Kirche, Schule und Personenstand.

IX.

Die Schule.

B. Die Heranziehung zu Abgaben und sonstigen nach öffentlichem Rechte zu fordernden Leistungen für Schulen, welche der allgemeinen Schulpflicht dienen.

Nr. 64.

(Einzuschalten auf S. 76 des I. Supplementbandes.)

Endurteil des I. Senats vom 7. Mai 1887 (Entsch. Bd. XV. S. 214).

1) Die zur Vermeidung der Doppelbesteuerung getroffenen Vorschriften des Kommunalabgabengesetzes vom 27. Juli 1885 sind auf die von den Schulgemeinden und Schulsozietäten erhobenen Abgaben nicht ohne Weiteres übertragbar; vielmehr entscheiden hier die für die einzelnen Schulgemeinden bestehenden sonderrechtlichen, im Wege der Autonomie erlassenen und abzuändernden Bestimmungen.

2) Unstatthaft sind Klageanträge, nach denen dem Verwaltungsrichter zugemuthet wird, über die Grundsätze der Veranlagung zu entscheiden, nicht aber eine Entscheidung über den Betrag der von dem Kläger für das Veranlagungsjahr zu entrichtenden Schulsteuer (§ 1 des Gesetzes vom 18. Juni 1840 — G.-S. S. 140 —, in den neuen Provinzen Gesetz vom 12. April 1882 — G.-S. S. 227 --, § 46 Abs. 2 des Zuständigkeitsgesetzes vom 1. August 1883, Endurteil vom 30. April 1885 — Stammwerk S. 85 Nr. 9 —).

Nr. 65.

Endurteil vom 7. September 1887 (Entsch. Bd. XV. S. 217).

Wenn nach der durch einen Regulierungsrezeß begründeten lokalen ländlichen Schulverfassung alle Lasten des Schulverbandes zu gleichen Teilen von den Besitzern der im Schulbezirke belegenen Höfe zu tragen sind, und wenn sich dann ein in der Nachbarschaft wohnender Gutsbesitzer als Eigentümer eines oder mehrerer Höfe weigert, seinen Beitrag zu entrichten, so ist davon auszugehen, daß diese Beiträge den Charakter einer Steuer im Sinne des Gesetzes vom 18. Juni 1840 (12. April 1882 — G.-S. S. 297 —) an sich tragen und daß somit der Schulvorstand den Säumigen zu denselben zu veranlagen und von der geschehenen Veranlagung zu benachrichtigen, sodann dessen Reklamation und event. dessen Klage zu erwarten hat, keinesfalls aber berechtigt ist, selbst die Klage auf Entrichtung der Beiträge oder auf Anerkennung der Verpflichtung zu dieser Entrichtung zu erheben. (§§ 46 und 47 des Zuständigkeitsgesetzes vom 1. August 1883.)

Nr. 66.

Endurteil des I. Senats vom 29. Oktober 1887 (Entsch. Bd. XV. S. 222).

1) Im Geltungsbereich der Preußischen Schulordnung vom 11. Dezember 1845 kann sich auch nach deren Erlaß eine Observanz dahin bilden, daß von mehreren Gutsherren, deren Hintersassen einem Schulbezirke angehören, nur einer die Patronatslasten (Lieferung des Schulbau- und Brennholzes) zu tragen hat.

2) Eine Verpflichtung des Fiskus, in einem aus Domainen- und anderen Dörfern zusammengesetzten Schulbezirke den Brennholzanteil eines der letzteren zu liefern, kann nach der preußischen Schulordnung vom 11. Dezember 1845 sowol aus dem § 38, wie aus den §§ 44—47 entspringen.

3) Bei Prüfung der Frage, ob die Pflicht aus § 38 hergeleitet werden könne, ist zu beachten, daß das Herkommen dazu nicht ausreichend ist, da dieses nicht zu den „besonderen Rechtstiteln" im Sinne jenes Paragraphen gehört. (Siehe Endurteil vom 4. Februar 1885, Stammwerk S. 183, 184 Nr. 6 Ziffer 3, desgleichen vom 9. Oktober 1886 S. 75—76 Nr. 60 Ziffer 2.)

4) Wenn die Matrikel auch in der Regel (siehe Endurteil vom 18. Dezember 1878, Stammwerk S. 194 Nr. 22, desgl. vom 1. Mai 1885, Stammwerk S. 184 Nr. 7) kein neues Recht schafft, sondern nur das bestehende feststellt, so ist damit doch nicht ausgeschlossen, daß eine solche vermöge der Art ihres Zustandekommens, der Abmachung der Beteiligten in den Verhandlungen, welche der Aufstellung der Matrikel vorausgingen, als ein wirklicher Vertrag oder als das Anerkenntnis eines, das bestehende Rechtsverhältnis begründenden Titels sich darstellt, und somit von wesentlich rechtlicher Bedeutung ist.

5) Die preußische Schulordnung stellt den Leistungen der Gemeinden aus den §§ 39—42 diejenigen der Gutsherren aus den §§ 44—47 gegenüber. Letztere regeln die Verhältnisse der Gutsherren zum Schulinstitute. Der § 44 verpflichtet die „Gutsherren des Schulbezirks", nicht die Gutsherren der zum Schulbezirke gehörenden Gemeinden.

6) Hinsichtlich der gutsherrlichen Leistungen ist dem Herkommen eine maßgebende Bedeutung beigelegt, jedoch eine verschiedene für den Fiskus und für die anderen Gutsherren. Der erstere ist gemäß § 45 in Verbindung mit § 44 zur Holzlieferung für seine Dominial-Hintersassen verpflichtet, falls er nicht seine herkömmliche Befreiung nachweist; die anderen Gutsherren sind dagegen kraft der gesetzlichen Regel frei, so daß ihnen gemäß des § 46 die Holzlieferung für ihre Hintersassen nur dann obliegt, wenn diese ganz oder teilweise herkömmlich gewährt war. Der § 47 endlich bestimmt für Schulverbände, zu denen die Hintersassen verschiedener Gutsherren gehören, daß die diesen mehreren Gutsherren obliegende Verpflichtung, sofern nicht durch Herkommen oder besondere Rechtstitel ein Anderes bestimmt ist, nach der Zahl der Haushaltungen gemeinschaftlich getragen werden soll. (Siehe Endurteil vom 9. Oktober 1886, I. Supplementband S. 75 Nr. 60 Ziffer 2).

7) Eine Uebung, welche lediglich durch das bestehende Gesetz und nicht durch eine, vom geschriebenen Rechte unabhängige Rechtsüberzeugung hervorgerufen wird, bleibt stets die richtige oder unrichtige Anwendung des Gesetzes, welche beim Eintritt einer abweichenden wissenschaftlichen Auffassung des letzteren jederzeit geändert werden kann, aber nicht ein Gewohnheitsrecht erzeugt, dessen

Entstehung eben auf der Ueberzeugung des Uebenden beruht, daß dasjenige, was sie gleichmäßig ausüben, für das gegebene Rechtsverhältnis nicht das aus den geschriebenen Quellen, sondern das aus den Umständen geschöpfte — notwendige — Recht ist. Beruht diese Ueberzeugung auf einem thatsächlichen Irrtum oder auf einem rechtlichen Irren über die Tragweite des geschriebenen Rechtes, so kann die bloße Uebung — in gleicher Weise, als wenn ihr die Ueberzeugung der Rechtsnotwendigkeit überhaupt gefehlt hätte — für sich allein zu einem Gewohnheitsrechte nicht führen, da in diesem Falle die Annahme gerechtfertigt erscheint, daß die Uebenden, wenn sie ihren Irrtum erkannt hätten, die Uebung des vermeintlichen Rechtes nicht so, wie sie gethan, vorgenommen haben würden. Sobald aber diese Annahme durch anderweite Umstände ausgeschlossen wird, wenn z. B. die Uebung, auch nachdem der rechtliche Irrtum, welcher ihren Anfang veranlaßt hatte, den Beteiligten bekannt geworden war, dennoch von denselben gleichmäßig durch längere Zeit fortgesetzt ist und dadurch als der Ausdruck der gemeinsamen Rechtsüberzeugung der Beteiligten sich zu erkennen giebt, oder wenn die Uebung auch ohne nachweisbare Erkenntnis jenes Irrtums durch langjährige, Generationen umfassende Befolgung allmälig zu einer derartigen Rechtsüberzeugung geführt hat, so kann eine in ihrem Beginne durch Rechtsirrtum hervorgerufene Uebung dennoch die Annahme eines ihr entsprechenden wirklichen Gewohnheitsrechtes rechtfertigen. (Vergl. über dieselbe Frage oben Nr. 21 Ziffer 7.)

Nr. 67.

Endurteil des I. Senats vom 22. Juni 1887 (Entsch. Bd. XV. S. 232).

1) Nach schlesischem Provinzialrechte (General-Land-Schul-Reglement vom 3. November 1765, Schul-Reglement vom 18. Mai 1801) muß unter gewissen Voraussetzungen dem „alten Schullehrer" ein Adjuvant (Gehilfe) beigegeben werden. Die Besoldung dieses Adjuvanten erfolgt bald in der Weise, daß ihm der alte Lehrer Wohnung und Kost gewährt, bald dadurch, daß der Adjuvant einen Beköstigungszuschuß dafür empfängt, daß er Wohnung und Kost nicht vom Lehrer erhält. Die Entschädigung für beide Arten von Unterhalt ist von den Herrschaften und Gemeinden nach den bestehenden Verträgen oder Observanzen zu leisten; fehlt es aber an diesen maßgebenden Vorschriften, so sind jene Entschädigungen von der Schulaufsichtsbehörde (Regierung) festzusetzen.

2) Wenn in dem Endurteile vom 2. Dezember 1876 (Stammwerk S. 186 Nr. 4 Ziffer 2) gesagt ist, nach § 19 des Reglements habe die Herrschaft — insoweit es sich nicht um Deputat an Getreide und Anfuhr des Brennmaterials handle — stets ein Drittel zum Unterhalt des Lehrers beizutragen, so erscheint dieser Satz nicht anwendbar, wenn dem Lehrer Entschädigungen für ihm nicht gewährte Emolumente, für Aufwendungen, welche er für die Schulinteressenten macht, für Dienste, zu welchen ihm eine Verpflichtung nicht obliegt (Reinigen und Heizen der Schulstube) in baarem Gelde zu gewähren sind. Diese Entschädigungen sind nicht von der Gutsherrschaft und der Gemeinde zu $1/3$ und zu $2/3$ zu leisten, sondern von denen, welchen die Prinzipalverpflichtung obliegt. Holzschlagen, welches der Lehrer übernimmt, würde ihm beispielsweise nach § 19b des Reglements von den Einliegern zu vergütigen sein.

3) Der Beköstigungszuschuß des Adjuvanten hat nicht die Natur des Getreidedeputats als Surrogat desselben und ist nicht nach § 19b des Reglements zu beurteilen. Sollte die Schadloshaltung in Getreide oder in Gelde bestimmt sein, so nimmt sie dadurch weder den Charakter eines Getreidedeputats noch den des Baargehaltes an.

4) Ist die Festsetzung der Entscheidung von der Regierung erfolgt, so steht dem Verwaltungsrichter eine Nachprüfung dieser Festsetzung nicht zu.

5) Weigert sich eine Gutsherrschaft, welche in der Gemeinde Acker besitzt, zu der Adjuvanten-Entschädigung etwas beizutragen, so steht der Gemeinde gegen diese Gutsherrschaft keineswegs ein Klagerecht zu, vielmehr hat sie die Reklamation nach dem Gesetze vom 18. Juni 1840 abzuwarten.

Nr. 68.

Endurteil des I. Senats vom 7. September 1887 (Entsch. Bd. XV. S. 240).

Die Bestimmung des § 45 des hannoverschen Judengesetzes vom 30. September 1842, daß von Juden, deren Kinder die christliche Ortsschule besuchen, das Schulgeld und die sonstigen Beiträge behufs des christlichen Schulwesens ebenso wie von Christen zu entrichten sind, bezieht sich sowohl auf den Fall, daß jüdische Eltern, wiewohl eine jüdische Schule am Orte besteht, ihre Kinder in der christlichen Schule unterrichten lassen, als auf den Fall, daß sie dies thun, weil eine jüdische Schule nicht vorhanden ist. Die Beitragspflicht bezieht sich auch auf diejenigen Juden, welche schulpflichtige Kinder haben und diese — falls sie nicht anderweit für einen dem Gesetze entsprechenden Unterricht sorgen — in die christliche Ortsschule schicken müssen.

2) Unter den „sonstigen Beiträgen" im Sinne des § 45 a. a. O. sind insbesondere auch die Schulbeiträge zu verstehen.

3) Die Juden sind nicht Mitglieder der christlichen Schulkorporation. Der § 45 a. a. Ordnung geht vielmehr von dem Grundsatze aus, daß sie als Nichtmitglieder zu den Korporationslasten soweit beitragen sollen, als sie an den Vorteilen der Korporation teilnehmen.

4) Bestehen an einem Orte mehrere christliche Schulverbände, so ist zunächst von der Schulaufsichtsbehörde derjenige Verband zu bestimmen, dessen Schule die jüdischen Mitbürger sich anzuschließen haben, soweit nicht diesen das Wahlrecht zusteht. So lange solche Wahl bezw. Bestimmung nicht stattgefunden hat, ist keiner der Verbände befugt, die Juden zu Schulbeiträgen heranzuziehen.

Nr. 69.

Endurteil des I. Senats vom 21. April 1888 (Entsch. Bd. XVI. S. 247).

1) Wenn ein Rittergut in zwei Güter geteilt worden ist (A. und B.) und wenn dann später der Besitzer von B. gegen den Schulvorstand Klage erhebt auf Anerkennung der Eigenschaft als Gutsherr, so ist das unzulässig.

2) Die Rechte und Pflichten des Gutsherrn in Ansehung der Schule sind nicht dinglicher, sondern persönlicher Natur; die gutsherrlichen Verbindlichkeiten, soweit sie vermögensrechtlicher Natur sind, haften nicht an dem Fundus des Gutes derartig, daß sie bei Abverkäufen von dem letzteren oder bei dessen gänzlicher Zerstückelung die einzelnen veräußerten Teile belasteten, auf diesen nach den für Reallasten bestehenden Rechtsgrundsätzen ruhten. Lediglich der Besitzer des Stamm- oder Restgutes ist als das mit allen Rechten und Pflichten der Gutsherrschaft ausgestattete und belastete Rechtssubjekt anzusehen, die Parzellenerwerber (hier B.) treten in das Verhältnis der Hausväter zur Schule.

3) Auf diesem Prinzip beruht die moderne Gesetzgebung in dem § 6 des Gesetzes über die Verpflichtung zur Armenpflege vom 31. Dezember 1842 (G.-S. 1843 S. 8), dem § 8 des Ausführungsgesetzes vom 8. März 1871 (G.-S. S. 130) und in dem § 30 der altländischen Kreisordnung (Hannover § 36, Hessen-Nassau § 37, Westfalen und Rheinprovinz § 23, Schleswig-Holstein

§ 28). Wenn in dem § 6 des Gesetzes, betreffend die ländlichen Obrigkeiten vom 14. April 1856 (G.=S. S. 354) hiervon für den Fall des § 2 Nr. 1 daselbst abgewichen ist, so ist das eben eine Ausnahme.

Nr. 70.

Endurteil des I. Senats vom 24. März 1888 (Entsch. Bd. XVI. S. 250).

So wenig die einem Gute zustehenden Gerechtigkeiten den Erwerbern von Trennstücken desselben allein schon dieses Parzellenbesitzes wegen anteilsweise zufallen, so wenig kann die Teilung eines Gutes, mit welchem die obrigkeitliche Gewalt verbunden ist, den anteilsweisen Uebergang der aus letzterer fließenden Rechte auf die Besitzer der abgetrennten Teile zur Folge haben. Diese Rechte verbleiben vielmehr dem Besitzer desjenigen Teiles, welcher als der Stamm des zerteilten Gutes zu betrachten ist.

Nr. 71.

Endurteil des I. Senats vom 7. Januar 1888 (Entsch. Bd. XVI. S. 252).

1) Haben mehrere zu einer Schulgemeinde gehörige Güter stets selbständige Güter gebildet, zu deren jedem unterthänige bäuerliche Besitzungen gehörten, welche aber zusammen nur eine Gemeinde ausmachten, so kommen nur demjenigen die Rechte und Pflichten des Gutsherrn der Schule zu, welchem dasjenige Gut gehört, unter dessen Gutsherrlichkeit der Ort liegt, an welchem sich die Hauptschule befindet.

2) Haben hingegen die mehreren Güter früher nur ein, demnächst in mehrere Teile zerlegtes Gut gebildet, so sind nicht die Besitzer der Teilgüter Gutsherrn des Schulortes, sondern nur derjenige, welcher das Stammgut erhalten hat.

Nr. 72.

Endurteil des I. Senats vom 10. März 1888 (Entsch. Bd. XVI. S. 256).

1) Kein Gesetz verpflichtet die Schulgemeinden in Neu=Vorpommern, einen neuen Schullehrer herbeizuholen bezw. ihm die Umzugskosten zu erstatten, es müßte denn nachgewiesen werden, daß die Schulgemeinde durch Herkommen dazu verpflichtet wäre oder daß im Speziellen ein Beschluß der Schulgemeinde vorläge, nach welchem die Umzugskosten und die Umlegung auf die Mitglieder der Schulgemeinde bewilligt wäre.

2) Die Umzugskosten sind weder in den Kosten für die Beschaffung der Wohnung, noch in denen der Besoldung enthalten.

Nr. 73.

Endurteil des I. Senats vom 27. Juni 1888 (Entsch. Bd. XVI. S. 263).

1) Nach § 1 des Gesetzes vom 21. Juli 1846 (G.=S. S. 392) müssen die Pfarrbaupflichtigen das vereinigte Küster- und Schulhaus durch Reparatur= wie durch Neubau in seinem bisherigen, wie in dem durch das jeweilige Bedürfnis erforderten Zustande unterhalten, letzteres jedoch mit der im § 3 bestimmten Ausnahme, daß — sobald dessen Erweiterung über den bei Erlaß des Gesetzes vorhandenen Umfang durch das Schulbedürfnis erforderlich wird — die Schulbaupflichtigen diese Erweiterung — mag sie in einem besonderen Gebäude bestehen oder mit dem alten Hause in Verbindung gebracht werden — sowohl neu herzustellen, als auch künftig (allein oder verhältnismäßig) zu unterhalten haben.

2) Die Verpflichtung des Kirchenverbandes erstreckt sich somit auf Erweiterungsbauten, welche nicht durch das Bedürfnis der Schule erforderlich werden, sie erstreckt sich ferner auf den gänzlichen oder teilweisen Neubau des alten Küster- und Schulhauses auch dann, wenn ein solcher Neubau zwar durch das Bedürfnis der Schule erforderlich geworden, wenn er aber nicht die Erweiterung, sondern nur eine Wiederherstellung der vorhandenen und bisher für die Schule benutzten Räume in dem früheren Flächenumfange bezweckt.

3) Ob der eine oder der andere Fall — ein bloßer Erneuerungs- oder ein Erweiterungsbau — vorliegt, ist lediglich nach dem Zwecke, welchem der Bau dient, zu beurteilen.

4) Sollte der dritte mögliche Fall eintreten, daß gleichzeitig das Bedürfnis herantritt sowohl zu einem Erhaltungsbau, welcher durch gänzliche oder teilweise Erneuerung des vorhandenen Hauses zu bewirken, als auch zu einem Erweiterungsbau, welcher mit jenem in Verbindung zu bringen ist, so erübrigt nur, für jeden Teil eines solchen vereinigten Erneuerungs- und Erweiterungsbaues die für diesen durch das Gesetz aufgestellten Grundsätze anzuwenden. Muß an Stelle des alten Schul- und Küsterhauses eines neues und erweitertes errichtet werden, so fallen von den Gesamtkosten der Herstellung diejenigen, welche aufzuwenden sind, um die im alten Hause vorhandenen Räume, einerlei ob sie Küsterei- oder Schulzwecken dienten, wiederherzustellen und ferner, um die im Küsterei-Interesse notwendigen erweiterten Räume zu beschaffen, den Pfarrbaupflichtigen zur Last, während diejenigen Kosten, welche aufgewendet werden müssen, um die durch das Schulbedürfnis weiter erforderten neuen Räume zu neuen Klassen, zu Wohnungen für neue Lehrer oder die Räume zu beschaffen, um welche die in dem alten Hause vorhanden gewesenen Schulstuben neuerdings erweitert werden, von den Schulbaupflichtigen zu tragen sind.

5) Die Unterhaltungslast der Schulinteressenten wird nur bestimmt nach Maßgabe des erst durch die Erweiterung neu beschafften Raumes, nicht aber nach Maßgabe des bereits vorhanden gewesenen Teiles des durch den Bau erweiterten bezw. zugleich ersetzten Raumes. Die Unterhaltungspflicht der Pfarrbaupflichtigen bleibt bestehen nach Maßgabe derjenigen Teile des erweiterten Schul- und Küsterhauses, welche vor der Erweiterung vorhanden waren und durch dieselbe nicht berührt oder ersetzt sind.

6) Der von den Schul-Interessenten zu unterhaltende „Erweiterungsbau" des Absatzes 2 ist nicht identisch mit den nach dem Schlußsatze des Absatzes 1 von diesen herzustellenden „Bauten". Erfordert das Schulbedürfnis eine Erweiterung des Umfanges der vorhandenen Schulräume, so haben die Schul-Interessenten nach Absatz 1 alle diejenigen Bauten allein herzustellen, ohne welche die Erweiterung nicht möglich ist, dagegen nur in demjenigen Teile dieses Baues, um welchen der vorhandene Schulraum vergrößert worden ist, an dem „Erweiterungsbau" im Sinne des Absatzes 2 zur Unterhaltung des gesamten Küster- und Schulhauses beizutragen.

7) Der im zweiten Absatz des § 3 aufgestellte Begriff eines „mit dem alten Küsterhause verbundenen Baues" schließt jede konstruktive Verbindung neuer Gebäudeteile mit den alten in sich und findet seine Erläuterung durch den Gegensatz der am Schlusse des ersten Absatzes erwähnten „besonderen Gebäude".

8) Ein Anbau, welcher die alte Schulstube sowohl ersetzt, als erweitert, stellt nicht lediglich einen Erweiterungsbau dar, sondern in untrennbarer Verbindung mit diesem zugleich einen Erneuerungsbau. Die Unterhaltungslast dieses Anbaues ist nicht nach dem ersten, sondern nach dem zweiten Absatz des § 3 zu regeln.

9) Der § 3 ist nur für solche Erweiterungsbauten anwendbar, für welche das Bedürfnis erst nach Erlaß des Gesetzes eingetreten ist. Hierfür ist die Zeit der Ausführung nicht unbedingt entscheidend, vielmehr bleibt der § 3 von der Anwendung auch dann ausgeschlossen, wenn nur vor jenem Zeitpunkte die Notwendigkeit eines erst später ausgeführten Baues von der Aufsichtsbehörde festgesetzt oder von den Beteiligten anerkannt ist.

C. Schulbauten.

Nr. 24.

(Einzuschalten auf S. 81 des I. Supplementbandes.)

Endurteil vom 14. September 1887 (Entsch. Bd. XV. S. 260).

Wenn bei dem Bau eines neuen Schulhauses zwischen der Gemeinde und der Gutsherrschaft ein Streit darüber entsteht, ob die letztere nur die Rohmaterialien oder darüber hinaus das ganze Baumaterial zu liefern habe, so entscheidet darüber der Kreisausschuß im Verwaltungsstreitverfahren, ohne daß der Beschluß der Schulaufsichtsbehörde vorauszugehen hätte. (§ 47 Absatz 3 des Zuständigkeitsgesetzes vom 1. August 1883, Endurteil vom 20. Dezember 1885 — I. Supplementband S. 77, 78 Nr. 13 Ziffer 4 —.)

Nr. 25.

Endurteil des I. Senats vom 19. November 1887 (Entsch. Bd. XV. S. 262).

1) Der Schulaufsichtsbehörde steht gemäß § 47 Zuständ.-Ges. die interimistische Festsetzung vorbehaltlich des Rechtsweges nur bei Streitigkeiten über die öffentlich-rechtliche Verpflichtung zur Aufbringung der Schulbaukosten und über deren Verteilung auf Gemeinde (Gutsbezirke), Schulverbände und Dritte, an deren Stelle oder neben denselben Verpflichtete zu, nicht aber bei Streitigkeiten über die Unterverteilung innerhalb der Gemeinden und Schulverbände.

Diese Unterverteilung auf die Pflichtigen hat vielmehr der Gemeindevorstand bezw. Schulvorstand vorzunehmen, und gegen dieselbe findet das gewöhnliche Einspruchs- und Klageverfahren statt.

2) Wiewohl ein Klagerecht gegen den Festsetzungsbeschluß in § 47 a. a. O. nur den Gemeinden, Schulverbänden 2c. beigelegt ist, so sind, wenn die Schulaufsichtsbehörde in Ueberschreitnng ihrer Zuständigkeit eine Verteilung der Schulbaukosten auf einzelne Pflichtige vorgenommen hat, auch diese für befugt zu erachten, die Aufhebung dieses Beschlusses im Klagewege zu verlangen.

Nr. 26.

Endurteil des I. Senats vom 20. April 1887 (Entsch. Bd. XV. S. 268).

1) Im Geltungsbereiche der Pommerschen Kirchenordnungen von 1535 und 1690 können bei Streitigkeiten über die Unterverteilung der eine Kirchengemeinde betreffenden Schulbaulast innerhalb der Parochie weder die Schulaufsichtsbehörden, noch die Verwaltungsgerichte beschließen beziehungsweise entscheiden, auch nicht in dem Falle des § 2 des Gesetzes vom 21. Juli 1846 (G.-S. S. 392).

2) Wenn im § 47 Abs. 2 des Zuständigkeitsgesetzes vom 1. August 1883 gegen den Beschluß der Schulaufsichtsbehörde und gegen den verpflichteten Dritten die Klage gegeben ist, so darf dies nicht ausgedehnt werden auf Streitigkeiten über die Baupflicht der Beteiligten. In den letzteren Fällen handelt es

sich lediglich um die Unterverteilung der Baukosten innerhalb der Gemeinden und sonstigen kommunalen Verbände, welche der Beschlußfassung der Schulaufsichtsbehörde überhaupt nicht unterliegt.

Nr. 27.

Endurteil des I. Senats vom 19. November 1887 (Entsch. Bd. XV. S. 274).

1) Die in Schlesien bereits vor Erlaß des General-Land-Schul-Reglements vom 3. November 1765 bestehenden katholischen Pfarrschulen gehörten beständig zu den Pfarrschulen, wurden aus kirchlichen Mitteln unterhalten und die Baupflicht lag den kirchlichen Interessenten ob.

2) Wenn aber die kirchlichen Bezüge des Lehrers an einer solchen Pfarrschule nicht ausreichen oder wenn die Anstellung eines Adjuvanten an der Schule erforderlich wird, so ist nach dem obigen Reglement und dem vom 18. Mai 1801 die Aufbesserung des Gehaltes des alten Lehrers und die Besoldung des Adjuvanten nicht von den kirchlichen Interessenten, sondern von den Schulunterhaltungspflichtigen, den zur Schule gehörenden Gemeinden und Dominiis zu bewirken.

3) Desgleichen hat das Gesetz vom 21. Juli 1846 (G.-S. S. 392) die zum Bau und zur Unterhaltung der katholischen Pfarrschulen verpflichteten kirchlichen Interessenten von der Verpflichtung zu Erweiterungsbauten, welche durch das Schulinteresse geboten sind, entbunden und diese Verpflichtung denen auferlegt, welchen in Ermangelung eines katholischen Pfarrschulhauses der Bau und die Unterhaltung einer gemeinen Schule am Orte obliegen würde. Für derartige Erweiterungen ist demnach jetzt der § 13 des General-Land-Schul-Reglements vom 3. November 1765 maßgebend, wonach die gemeinen Schulen von den Gemeinden mit Konkurrenz der Herrschaft nicht nur zu erbauen, sondern auch mit allem nötigem Schulgerät von Tischen, Bänken (Subsellien), Tafeln u. s. w. zu versehen sind.

4) Was den Repartitionsmaßstab betrifft, so gebührt die Bestimmung des Teilungsverhältnisses zwischen Gemeinde und Gutsherrschaft der staatlichen Aufsichtsbehörde; diese Bestimmung hat der Ausschreibung des Schulvorstandes vorauszugehen.

Nr. 28.

Endurteil des I. Senats vom 3. Dezember 1887 (Entsch. Bd. XVI. S. 259).

1) Ein Schulvorstand hatte eine Schulscheune reparieren lassen und legte die Kosten auf die Mitglieder der Schulgemeinde um. Von letzteren klagten mehrere hiergegen und weil sie behaupteten, die Kosten müßten observanzmäßig von der Kirchengemeinde getragen werden, so richteten sie die Klage auch gegen diese. Hiermit wurden sie abgewiesen, weil die Klage aus § 47 des Zuständigkeitsgesetzes vom 1. August 1883 nur der Schulgemeinde gegeben ist und nicht den einzelnen Hausvätern.

2) Dagegen war die Klage, soweit sie gegen den Schulvorstand gerichtet war und die Veranlagung der Kläger zu den streitigen Kosten betrifft, aus § 46 a. a. O. wohl zulässig. War auch der Schulvorstand berechtigt, dringende und nicht aufschiebbare Reparaturen ausführen zu lassen, so hat er doch nicht das Recht, zur Deckung der erforderlichen Kosten selbständig Gemeindeumlagen zu beschließen. Letzteres steht in der Regel nur der Korporation selbst zu. (Allgem. Landrecht II. 6, §§ 51 ff.) Lehnt die Schulgemeinde die Beschlußfassung ab, so ist der Fall des § 47 a. a. O. gegeben und der Schulvorstand muß sich an die Schulaufsichtsbehörde wenden.

Endurteil des I. Senats vom 12. Mai 1888 (Entsch. Bd. XVI. S. 276).

Nach § 3 des Gesetzes vom 21. Juli 1846 sind die Kosten für die lediglich im Interesse der Schule bewirkten Erweiterungsbauten lediglich von den Schulinteressenten zu tragen. Hat die Beschaffung neuer Schulräume die Erneuerung des Daches des ganzen Gebäudes zur Folge, so fällt auch diese Baulast den Schulinteressenten zu, hatte dagegen der Bau die Erneuerung des Daches zum Zwecke, so werden auch die kirchlichen Interessenten in Mitleidenschaft gezogen.

Nr. 29.

Endurteil des I. Senats vom 12. Mai 1888 (Entsch. Bd. XVI. S. 278).

1) In der Provinz Hannover kann sich ein Gewohnheitsrecht dahin bilden, daß die Lasten des Schulverbandes ganz oder zum Teil nicht von den Mitgliedern des Schulverbandes, sondern von den Besitzern der im Schulbezirke belegenen Grundstücke getragen werden.

2) Die auf Gewohnheitsrecht beruhende Verfassung eines Schulverbandes ist nicht beschränkt auf die zur Zeit der Bildung dieser Verfassung dem Schulverbande angehörigen Personen und Grundstücke, sie umfaßt vielmehr als Lokalrecht, als eine Norm des öffentlichen Rechtes alle Personen und Grundstücke, welche dem Verbande später beitreten oder ihm zugewiesen werden. Die neu Eintretenden nehmen an allen öffentlich-rechtlichen Vorteilen und Lasten des Schulverbandes Teil. (Siehe Endurteil vom 18. März 1880, Stammwerk S. 322 Nr. 30 Ziffer 4.) Dieser Grundsatz gilt nicht nur für Hannover und für Schulverbände, sondern für Korporationen überhaupt.

3) Das Gewohnheitsrecht schafft nicht privatrechtliche Verhältnisse durch Verjährung, sondern bildet durch Rechtsübung eine objektive, öffentlich-rechtliche Norm.

4) Die Beitragsfreiheit in dem Falle sub 1 kann nur auf einen speziellen Rechtstitel oder auf Verjährung gestützt werden.

5) Nach dem Hannoverschen Gesetze vom 14. Oktober 1848 ist die Genehmigung der vorgesetzten Behörde erforderlich, wenn von den Gemeindemitgliedern seitens des Schulvorstandes eine nicht schon feststehende Leistung gefordert oder der Beitragsfuß geändert werden soll. Es ist hier nicht unterschieden zwischen dem Beitragsfuß für die rein persönlichen Schulsteuern und dem für Steuern, welche nach der Ortsverfassung einen dinglichen Charakter haben; die Bestimmung muß daher für beide Fälle gelten. Deshalb kann auch ein Schulvorstand mit Zustimmung der Schulaufsichtsbehörde den bisher bestandenen „Höhefuß" aufheben und die Verteilung nach dem Steuerfuß beschließen, selbst wenn es sich dabei um Abänderung des Steuerfußes für dinglich Verpflichtete handelte. Wenn hierdurch einzelne der letzteren neu oder höher belastet werden als früher, so haben sie dem zu widersprechen ebensowenig ein Recht, wie unter gleichen Verhältnissen die lediglich persönlich Verpflichteten.

6) Die Frage, welcher Zeitraum zur Begründung eines Gewohnheitsrechtes notwendig ist, hängt von dem durch die Einzelheiten des konkreten Falles bestimmten richterlichen Ermessen ab. (Siehe Stammwerk S. 123 Nr. 38, S. 127 Nr. 47, S. 129 Nr. 49.)

7) Für die Dinglichkeit der Schullasten spricht es, wenn zu denselben ausnahmslos alle Mündel nach Maßgabe des Grundbesitzes herangezogen werden.

8) Nach hannoverschem geltenden Rechte können Katholiken nicht Mitglieder eines evangelisch-lutherischen Schulverbandes sein und dürfen zu persönlichen

Lasten der letzteren nicht herangezogen werden. Ist dies demungeachtet geschehen, so ist dies nur möglich auf Grund der Rechtsüberzeugung, daß die Schulsteuern in dem betreffenden Bezirke dinglich auf den Grundstücken derselben lasten.

XIa.

Staatsangehörigkeit.

Nr. 1.

(Einzuschalten auf S. 212 des Stammwerkes.)

Endurteil des I. Senats vom 14. September 1887 (Entsch. Bd XV. S. 405).

1) Die Erteilung von Entlassungsurkunden über die Entlassung aus dem Staatsverbande gemäß § 14 des Reichsgesetzes vom 1. Juni 1870 kann nicht deshalb verweigert werden, weil der Antragsteller noch mit Staatssteuern im Rückstande ist.

2) Die Frage, ob die Steuerbehörde bis zu ihrer Befriedigung die Entlassungsurkunde mit Beschlag belegen und so deren Aushändigung an den Auswandernden hindern kann, ist nicht im Verwaltungsstreitverfahren zu entscheiden.

Nr. 2.

Endurteil des I. Senats vom 29. Oktober 1887 (Entsch. Bd. XV. S. 410).

Die behufs Erlangung der Entlassungsurkunde von den Kreisersatzkommissionen darüber auszustellenden Zeugnisse, ob die Entlassung aus der Staatsangehörigkeit nicht nur zu dem Zweck nachgesucht ist, sich der Dienstpflicht zu entziehen, unterliegen hinsichtlich ihres sachlichen Inhalts einer Nachprüfung im Verwaltungsstreitverfahren nicht. Ein solches Zeugnis kann bis zur Aushändigung der Entlassungsurkunde wieder zurückgezogen werden.

Nr. 3.

Endurteil des I. Senats vom 18. Februar 1888 (Entsch. Bd. XVI. S. 381).

1) Nicht-Reichsangehörigen steht ein Recht zur Erhebung einer Klage wegen Landesverweisung auch dann nicht zu, wenn die Landesverweisung von Orts- oder Kreis-Polizeibehörden verfügt ist.

2) Daraus folgt übrigens keineswegs, daß die Ausländer in dieser Beziehung rechts- und schutzlos sind, denn auch die Handhabung des freien polizeilichen Ermessens, die nicht durch die Verwaltungsgerichtsbarkeit, sondern nur durch die Aufsichtsinstanzen kontroliert wird, besteht auch auf weiten, wichtige Interessen selbst der Staatsangehörigen berührenden Gebieten und ist keineswegs gleichbedeutend mit Willkür.

Nr. 4.

Endurteil I. Senats vom 3. März 1888 (Entsch. Bd. XVI. S. 383).

Die Klage aus § 130 Landesverw.-Ges. gegen eine Ausweisungsverfügung ist gemäß Abs. 3 a. a. O. und weil nur unter dieser Voraussetzung eine zur Klage berechtigende Rechtsverletzung vorliegt, von dem seitens des Klägers zu führenden Nachweise abhängig, daß derselbe Reichsangehöriger ist.

Dritte Abteilung.

XII.
Polizeiliche Verfügungen im Allgemeinen, auch Zwangsmittel.

Nr. 87.

(Einzuschalten auf S. 83 des I. Supplementbandes.)

Endurteil des I. Senats vom 5. Oktober 1887 (Entsch. Bd. XV. S. 414).

1) Wird Jemand durch polizeiliche Verfügung für einen Trunkenbold erklärt, so hat diese Anordnung nur so lange Geltung, als die thatsächliche Voraussetzung zum Erlasse derselben fortbesteht. Dasselbe gilt von allen dauernd wirkenden polizeilichen Verfügungen, es kann also dem Betroffenen, wenn er die Aufhebung jener Maßregel beantragt, nicht der Einwand entgegengestellt werden, daß er die Beschwerde- oder Klagefrist versäumt habe (§§ 127 und 128 des Landesverw.-Ges. vom 30. Juli 1883).

2) Wird die Verfügung, ungeachtet des Fortfalles der Voraussetzungen aufrecht erhalten, so handelt es sich um eine neue polizeiliche Anordnung, welche binnen zwei Wochen mit Beschwerde oder Klage angefochten werden kann.

3) Die Polizeibehörde hat deshalb bei derartigen Anträgen wegen Aufhebung der Maßregel immer erst zu prüfen, ob sich der Trunkenbold thatsächlich gebessert hat.

Nr. 88.

Endurteil des I. Senats vom 30. März 1887 (Entsch. Bd. XV. S. 416).

Eine Gemeinde ist nicht schon deshalb zur Anfechtung einer an einen Dritten ergangenen Polizeiverfügung im Verwaltungsstreitverfahren berechtigt, weil durch die Ausführung derselben die ihr zur Last fallenden Kosten der örtlichen Polizeiverwaltung vermehrt werden würden, oder weil aus dem polizeilichen Einschreiten für die Gemeinde nachteilige Folgen auf dem Gebiete der öffentlichen Armenpflege hergeleitet werden könnten.

Nr. 89.

Endurteil des I. Senats vom 8. Oktober 1887 (Entsch. Bd. XV. S. 423).

1) Die Berechtigung der Polizeibehörden zum Erlaß von Zwangsverfügungen ist nicht auf diejenigen bestimmten polizeilichen Akte beschränkt, für welche ihnen dieselbe durch ausdrückliche gesetzliche Bestimmung beigelegt ist, vielmehr steht denselben dieses Recht „innerhalb ihrer gesetzlichen Befugnisse", d. h. in Bezug auf diejenigen Angelegenheiten zu, deren Erledigung zum Ressort der betreffenden Behörde gehört.

2) Das Recht, auf bestimmten polizeilichen Gebieten Anordnungen zu treffen, schließt zugleich das Recht in sich, Vorverfügungen zu treffen, um fest-

zustellen, ob für solche Anordnung eine Veranlassung vorliegt, also Ermittelungen anzustellen, Auskunft zu erfordern u. s. w. Insbesondere ist innerhalb dieser Grenzen die Polizeibehörde auch befugt, Vorladungen zur protokollarischen Vernehmung ergehen zu lassen und diese mit der Androhung einer Exekutivstrafe zu verbinden.

Nr. 90.

Endurteil des I. Senats vom 14. November 1887 (Entsch.-Bd. XV. S. 427).

1) Die Fürsorge für die allgemeine Wohlfahrt ist nicht so unbeschränkt wie die Aufrechthaltung der öffentlichen Ordnung und Sicherheit den Polizeibehörden übertragen; dieselben bedürfen vielmehr auf dem Gebiete der Wohlfahrtspolizei einer besonderen gesetzlichen Ermächtigung für ihr Einschreiten.

2) Auch das Briefbeförderungswesen kann, da es an einer allgemeinen gesetzlichen Regelung dieses Verkehrszweiges fehlt, von der Polizei nur im Interesse der Wohlfahrtspflege zum Gegenstande von Verordnungen und Verfügungen gemacht werden, für welche daher die spezielle gesetzliche Grundlage nachzuweisen ist. Es ist daher unzulässig, im Wege der polizeilichen Verfügung dem Unternehmer einer Privat-Briefbeförderungsanstalt die Führung der Bezeichnung „Privatpost" zu untersagen.

3) Unter „Sicherheitspolizei" ist vor Allem diejenige zwingende Thätigkeit der polizeilichen Organe zu verstehen, welche die Aufrechterhaltung der Rechtsordnung als der Grundlage aller Sicherheit bezweckt. (?)

Nr. 91.

Endurteil des I. Senats vom 29. Oktober 1887 (Entsch. Bd. XV. S. 435).

1) Die Frage über die Dauer eines abgeschlossenen Gesinde-Miets-Vertrages gehört zu den privatrechtlichen Streitigkeiten. Die Thätigkeit des die Polizei verwaltenden Amtsvorstehers ist lediglich in den Vorschriften des öffentlichen Rechtes begründet und beschränkt sich in den Fällen, in denen das Gesinde den Dienst ohne gesetzliche Ursache verläßt, darauf, daß er den eigenmächtig handelnden Dienstboten nach § 167 der Gesinde-Ordnung vom 8. November 1810 zur Fortsetzung des verlassenen Dienstes anhält. Weiter gehen die Befugnisse der Polizeibehörde nicht, dieselbe ist amtlich nicht befugt, anzuordnen, daß das Gesinde auch nach Ablauf der vereinbarten Dienstzeit in den verlassenen Dienst zurückkehre. Eine stillschweigende Verlängerung des Dienstvertrages kann unter solchen Umständen nicht angenommen werden.

2) In welcher Weise die im Gesetze (§§ 111, 112, 114 der Gesindeordnung) vorgesehene Kündigung des Dienstverhältnisses erfolgen soll, schreibt das Gesetz nicht vor. Da dieselbe aber nichts anderes ist, als die Willenserklärung, den Dienstvertrag nach dessen Ablauf nicht weiter fortsetzen zu wollen, so kann sie auch durch Handlungen vorgenommen werden, aus denen die Absicht des Handelnden mit Zuversicht entnommen werden kann, und es hat eine solche stillschweigende Willenserklärung mit einer ausdrücklichen gleiche Kraft (§§ 58, 59, Tit. 4, Teil I. A. L. R's.).

3. Derartige Handlungen, welche bereits vor Ablauf der Kündigungsfrist zur Kenntnis des Dienstherrn gebracht worden sind, liegen in einem wiederholten Entlaufen des Gesindes aus dem Dienste.

Nr. 92.

Endurteil des I. Senats vom 3. Dezember 1887 (Entsch. Bd. XVI. S. 387).

1) Die nur geduldeten Kirchengesellschaften, von denen der § 25 Tit. 11 Teil II. A. L. R's. handelt, waren nach §§ 20 und 21 a. a. O. vom Staate

genehmigte Gesellschaften. Zu dem letzteren gehört ein religiöser „Verein“ nicht, welcher seine Gottesdienste in einem eigenen Bethause abhält, einen „Prediger“ hält und durch den letzteren Trauungen vollziehen, Sakramente spenden, Religionsunterricht erteilen und Begräbnisfeierlichkeiten vollziehen läßt. Ein solcher Verein steht auf der rechtlichen Grundlage des Artikels 12 der Verfassung vom 31. Januar 1850 und der Verordnung über die Verhütung eines die gesetzliche Freiheit und Ordnung gefährdenden Mißbrauches des Versammlungs- und Vereinsrechtes vom 11. März 1850 (G.-S. S. 277).

2) Nach §§ 9 und 10 dieser Verordnung bedürfen „gewöhnliche“ Leichenbegängnisse überhaupt keiner polizeilichen Genehmigung. Können solche Leichenbegängnisse, wenn ein Laie dabei als Redner fungiert, nicht als „gewöhnliche“ angesehen werden, so muß in jedem Falle die polizeiliche Genehmigung nachgesucht werden; dieselbe kann aber immer nur dann versagt werden, wenn nach den besonderen Verhältnissen des Falles eine Gefahr für die öffentliche Sicherheit und Ordnung von öffentlichen polizeilichen Gesichtspunkten aus zu befürchten ist. Etwaige Zuwiderhandlungen der Beteiligten gegen diese Normen unterliegen den im § 17 der Verordnung vorgesehenen Strafen.

3) Soweit es sich um den besonderen Schutz der kirchlichen Ordnung auf kirchlichen Begräbnisplätzen handelt, vollzieht sich derselbe aus anderen, als in der Verordnung vom 11. März 1850 vorgesehenen allgemeinen polizeilichen Gesichtspunkten und von anderen Organen als den zur Handhabung dieser Verordnung Berufenen.

4) Der Schutz der äußeren kirchlichen Ordnung steht regelmäßig nicht der Ortspolizeibehörde zu, vielmehr gebührt derselbe nur der Landespolizei. Die Ortspolizeibehörde würde nur dann zu einem selbständigen Einschreiten befugt sein, wenn der beabsichtigte Eingriff in die äußere kirchliche Ordnung zugleich die öffentliche Ruhe und Sicherheit derartig bedrohte, daß von diesem Gesichtspunkte aus sich ein Anhalt für die Zuständigkeit der Ortspolizeibehörde ergäbe.

Nr. 93.

Endurteil des I. Senats vom 21. April 1888 (Entsch. Bd. XVI. S. 392).
(Selbstverw. 1888, S. 189.)

1) Der Hauseigentümer ist als solcher der Polizeibehörde für den baulichen Zustand seines Hauses verantwortlich und kann dieselbe nicht an die Mieter verweisen. Ebenso ist er verpflichtet zur Überwachung der Mieter in der Beobachtung der im polizeilichen Interesse gebotenen Hausordnung.

2) Die Androhung einer Exekutivstrafe als Zwangsmittel ist auch dann zulässig, wenn die Ausführung der geforderten Leistung durch einen Dritten zwar nicht unmöglich, aber nach den besonderen Verhältnissen nicht zweckdienlich ist.

XIII.
Die Jagd.

B. Jagdbezirke und Jagdverpachtung.

(Einzuschalten auf S. 84 des I. Ergänzungsbandes).

Nr. 16.

Endurteil des III. Senats vom 7. Mai 1888 (Entsch. Bd. XVI. S. 339).

Ueber den Begriff der „isoliert belegenen Höfe“ im Sinne des § 5 des Jagdpolizeigesetzes vom 7. März 1850 (G.-S. S. 165) ist gesagt: Im § 5 wird unterschieden der „Hof" von den dazu gehörigen, ihn umgebenden Grundstücken. Unter „Hof" ist im Unterschiede von den dazu gehörenden Grundstücken von Aeckern, Wiesen u. s. w. das Gehöft, die Hofraithe, der Hofplatz mit den darauf befindlichen Wohn- und Wirtschaftsgebäuden verstanden. Nach der unzweideutigen Fassung des § 5 verlangt das Gesetz stets ein „isoliert belegenes" Gehöft; dagegen ist aus dem § 5 keineswegs zu entnehmen, daß schon wegen des ungetrennten Zusammenhanges der ihn umgebenden Grundstücke allein der Hof (das Gehöft) als ein „isoliert belegener" angesehen werden soll; vielmehr muß, da das Gesetz selbst die Kriterien für den Begriff der „isolierten" Lage nicht näher angegeben hat, für die Bedeutung des Begriffs „isoliert belegenes" Gehöft der gewöhnliche Sprachgebrauch entscheidend sein. Hiernach kann aber nur dasjenige Gehöft als ein „isoliert belegenes" angesehen werden, dessen Lage zu anderen Gehöften als eine vereinzelte, von anderen Gehöften abgesonderte zu bezeichnen ist. Ob diese Bezeichnung auf ein bestimmtes Gehöft zutrifft, wird nach Lage desselben zu anderen Gehöften, namentlich nach dem Abstande von anderen Gehöften im einzelnen Falle zu beurteilen sein.

Nr. 17.

Endurteil des III. Senats vom 19. April 1888 (Entsch. Bd. XVI. S. 345).

1) Die in der (später wieder aufgehobenen) Gemeindeordnung vom 11. März 1850 (G.-S. S. 213) für die Neuordnung der Gemeindegesetzgebung aufgestellten Normen sind für die Fassung des Jagdpolizeigesetzes vom 7. März 1850 (G.-S. S. 165) maßgebend gewesen, und die Ausdrucksweise des letzteren schließt sich der der Gemeindeordnung an. Deshalb ist im § 4 des Jagdgesetzes der im Entwurf stehende Ausdruck „Gemeinde-Vorstände" durch „Gemeinde-Behörde" ersetzt worden.

2) Die Gemeindeordnung reihte in die von ihr in Aussicht genommenen Gemeindebezirke nicht nur die bestehenden Gemeinden, sondern auch selbstständige Güter ein. Es konnte danach auch ein einzelnes Grundstück einen Gemeindebezirk bilden.

3) Gemeindebezirke, wie sie bei Erlaß des Jagdpolizeigesetzes vorausgesetzt wurden, existieren seit Aufhebung der Gemeindeordnung (Gesetz vom 24. Mai 1853 — G.-S. S. 238 —) nicht mehr. Daraus folgt aber nicht, daß man das Jagdpolizeigesetz nunmehr nur in Stadt- und Landgemeindebezirken zur Anwendung bringen darf; vielmehr ist dasselbe auf alle diejenigen kommunalen Organismen unterster Ordnung anzuwenden, welche nach der Gemeindeordnung zur Bildung der Gemeindebezirke bestimmt waren. Zu diesen gehören auch die selbständigen Gutsbezirke, welche also in Bezug auf die Bildung von Jagdbezirken ebenso, wie die Gemeindebezirke zu behandeln sind.

4) Ein Gutsbezirk ist dadurch, daß seine Hauptbestandteile zu Erbpachtsrechten verliehen und die Erbpachtsländereien demnächst in das volle Eigentum der Besitzer übergegangen sind, nicht aufgehoben. Der Restparzellenbesitzer ist also wohl befugt, die Jagd auf dem ganzen Gutsbezirk zu verpachten.

5. Sind die im Eigentum eines Besitzers befindlichen Parzellen nur durch Wege mit einander verbunden, so stehen sie nicht in dem Zusammenhange, welche der § 2a des Jagdpolizeigesetzes voraussetzt. Wege oder Gewässer trennen zwar nicht, sie verbinden aber auch nicht.

XV.

Die Fischerei.

(Einzuschalten auf S. 268 des Stammwerkes.)

Nr. 5.

Endurteil des III. Senats vom 28. März 1887 (Entsch. Bd. XV. S. 344).

1) In dem Streitverfahren über die Eigenschaft eines Gewässers als eines geschlossenen im Sinne des § 4 des Fischereigesetzes vom 30. Mai 1874 können als Partei nur diejenigen auftreten, welche bezüglich jener Frage entweder das öffentliche Interesse zu vertreten befugt sind oder aber ein berechtigtes Privatinteresse verfolgen. Keinesfalls darf die Frage lediglich zwischen den Privatinteressenten ohne Beteiligung eines Vertreters des öffentlichen Interesses entschieden werden. (§ 102 des Zuständigkeitsgesetzes vom 1. August 1883, Endurteil vom 20. November 1884 — Stammwerk S. 267 Nr. 4 —). Dergleichen Streitigkeiten sollen nicht nur inter partes, sondern inter omnes maßgebend sein. Ebenso im Falle des § 26 des Zuständigkeitsgesetzes vom 1. August 1883. (Siehe Endurteil vom 30. Mai 1881 — Stammwerk S. 157, 158 Ziffer 2 und 3 —).

2) Von der durch den Zivilprozeßrichter zu entscheidenden Frage, ob ein See ein uneingeschlossenes Gewässer im privatrechtlichen Sinne des § 180 Tit. 9 Teil I. A. L.-R.'s, der im See Fischereiberechtigte mithin nicht berechtigt sei, die auf eine Wiese ausgetretenen Fische zu verfolgen, ist die im Verwaltungsstreitverfahren zu entscheidende Frage, ob ein See ein geschlossenes Gewässer im Sinne des Fischereigesetzes sei, wesentlich verschieden.

XVI.

Das Wasser.

Nr. 46.

(Einzuschalten auf S. 86 des I. Supplementbandes.)

Endurteil des III. Senats vom 23. Mai 1887 (Entsch. Bd. XV. S. 328).

1) Ein in Gemäßheit der altländischen Kreisordnung § 57 Abs. 5 (Entwurf der Kreisordnung für Schleswig-Holstein § 49) mit der Wahrnehmung eines Geschäftes eines verhinderten Amtsvorstehers beauftragter Stellvertreter ist kein „Kommissarius des Kreisausschusses."

2) Mit der Aufgabe seines Hauptamtes verliert dieser Stellvertreter auch in dieser letzteren Beziehung seine Vertretungsbefähigung.

3) Den Vorschriften im § 47 Abs. 2, 56 Abs. 4 und 66 Abs. 2 des Zuständigkeitsgesetzes vom 1. August 1883 kann eine andere Auslegung nicht gegeben werden, als daß durch die Anbringung der dort vorgesehenen Klage lediglich gegen die Polizeibehörde (in diesem Falle die Wasserpolizeibehörde) der Kläger der letzteren gegenüber den Einwand, daß zu der ihm angesonnenen Leistung aus Gründen des öffentlichen Rechtes nicht er, sondern ein Dritter verpflichtet sei, verliert und er der Anordnung, soweit sie nicht aus anderen Gründen als unberechtigt nachgewiesen wird, unbeschadet seines Rechtes Folge leisten muß, den Ersatz des von ihm Geleisteten im Wege der Klage von dem zur Leistung Verpflichteten zu fordern. (Siehe Endurteil vom 24. Januar 1883 — Stammwerk S. 336, 337 Nr. 49 —.)

4) Wird die gegen den Dritten angestellte Klage zurückgewiesen, so muß der von der Behörde zur Räumung Aufgerufene, vorbehaltlich des ihm aus § 66 Abs. 4 zustehenden Klagerechtes, die Räumung vornehmen.

Nr. 47.

Endurteil des III. Senats vom 13. Oktober 1887 (Entsch. Bd. XV. S. 334).

1) Ein Streit darüber, ob durch eine Bewässerungsanlage einem seit Publikation des Gesetzes vom 28. Februar bestehenden Triebwerke das zum Betriebe in dem bisherigen Umfange erforderliche Wasser entzogen wird, ist von dem Verwaltungsrichter nur dann zu entscheiden, wenn die Widersprüche in dem nach § 19 des Gesetzes vom 28. Februar 1843 (G.-S. S. 41) in Gang gebrachten polizeilichen Vermittelungsverfahren hervortreten. (Siehe Endurteil vom 19. Dezember 1878 — Stammwerk S. 276 Nr. 14 —.)

2) Hieran haben die §§ 109 des Zuständigk.-Ges. vom 26. Juli 1876 und 75 des Zuständigk.-Ges. vom 1. August 1883 nichts geändert. Die Erweiternng der Kompetenz des Kreisausschusses besteht nur darin, daß seiner Entscheidung auch andere Widersprüche als die auf die Schmälerung des zum Betriebe in dem bisherigen Umfange erforderlichen Wassers gestützten überwiesen wurden, dagegen fehlt es an jeder Andeutung darüber, daß auch die Voraussetzung, unter welcher bisher in Bewässerungsangelegenheiten der ordentliche Rechtsweg verschlossen und der Verwa'tungsrechtsweg eröffnet war, die Einleitung eines polizeilichen Vermittelungsverfahren in Wegfall gebracht werden sollte.

Nr. 48.

Endurteil des III. Senats vom 24. Oktober 1887 (Entsch. Bd. XV. S. 339).

1) Die mit Verwaltung der Strom- und Schifffahrtspolizei beauftragten Wasserbauinspektoren gehören nicht zu den Orts- und Kreispolizeibehörden, gegen deren Anordnungen die in § 127 Landesverw.-Ges. bezeichneten Rechtsmittel stattfinden.

2) Wenn einem Regierungspräsidenten gemäß § 138 Landesverw.-Ges. die Strom- und Schiffahrtspolizei auf einem in einen anderen Bezirk hineinreichenden Strome übertragen ist, so findet gegen dessen strom- und schiffahrtspolizeiliche Verfügungen nicht die Beschwerde beim Oberpräsidenten mit nachfolgender Klage beim Ober-Verwaltungsgericht (§ 130 a. a. O.) statt, sondern lediglich die Beschwerde an den Minister für Handel und Gewerbe.

Nr. 49.

Endurteil des III. Senats vom 20. Februar 1888 (Entsch. Bd. XVI. S. 302).

1) Die Austragung eines im Verlaufe eines Merkpfahlsetzungs-Verfahrens auftretenden Streites darüber, ob die Höhe des Wasserstandes durch giltige Verträge, Verleihung oder rechtsverjährten Besitz bestimmt ist, bildet ein Zwischenverfahren, dessen Durchführung demjenigen obliegt, welcher auf Grund von Verträgen 2c. ein Recht auf eine bestimmte Höhe des Wasserstandes beansprucht.

2) Wenn im Verwaltungsstreitverfahren in der Hauptsache erkannt und die Entscheidung über den Kostenpunkt einem vorausgesetzten späteren Verfahren vorbehalten ist, und dieses weitere Verfahren demnächst aus irgend welchen Gründen nicht eintritt, so ist zur Abschließung des Rechtsstreits die Entscheidung über die Kosten nachzuholen.

3) Die Wiederholung des Verwaltungsaktes der Wasserstandsfestsetzung kann durch Entscheidung des Verwaltungsrichters nicht bestimmt werden.

Nr. 50.

Endurteil des III. Senats vom 4. Juli 1888 (Entsch. Bd. XVI. S. 308).

Die Allegate im § 75 des Zuständigk.-Ges. vom 1. August 1883, betreffend die Widersprüche gegen Bewässerungsanlagen, sind nur als Beispiele aufzufassen, es ist deshalb nicht zutreffend, daß der § 75 das Verwaltungsstreitverfahren nur in Beziehung auf solche Widersprüche, welche auf Grund der allegierten Vorschriften von Besitzern der bei Publikation dieses Gesetzes rechtmäßig bestehenden Triebwerke erhoben werden, eröffnet, vielmehr weist der § 75 über alle im polizeilichen Vermittelungsverfahren erhobenen Widersprüche dem Kreisausschuß die Entscheidung im Verwaltungsstreitverfahren zu.

Nr. 51.

Endurteil des III. Senats vom 6. Februar 1888 (Entsch. Bd. XVI. S. 313).
(Selbstverw. 1888 S. 147.)

1) Die in § 2 des Hannoverschen Wassergesetzes vom 22. August 1847 den Adjazenten eines Wasserlaufs auferlegte Räumungspflicht erstreckt sich nur auf die gewöhnliche Flußräumung, aber nicht auf das Abstechen von Sandbänken.

2) Wenn die Verfügung der Wasserpolizeibehörde eine über die dem Adjazenten obliegende Räumungspflicht hinausgehende Leistung zum Gegenstande hat, so kann die gegen dieselbe erhobene Klage nicht deßhalb abgewiesen werden, weil sie nicht zugleich gemäß § 66 Zuständ.-Ges. gegen den an Stelle des Klägers für verpflichtet erachteten Dritten mit gerichtet ist.

3) Unter dem Ausdruck „Schlöten" ist lediglich das mittels einer Schloothacke oder ähnlicher Geräte oder auch mittels Ausmähens zu bewirkende Reinigen des unter dem „mittleren Sommer-Wasserstande" liegenden Flußbett-Teiles — der Flußsohle — von Schlamm, Sand, Pflanzen u. s. w. zu verstehen, nicht aber das „Ausgraben" und „Ausbaggern".

Nr. 52.

Endurteil des III. Senats vom 2. Januar 1888 (Entsch. Bd. XVI. S. 321).

Das Recht der Polizeibehörde, den Eigentümer eines Grundstücks zur Abstellung eines auf demselbem vorhandenen, polizeilich nicht zu duldenden Zustandes anzuhalten, findet seine Schranke in den spezialgesetzlichen Bestimmungen, welche für die öffentlich-rechtlichen Verpflichtungen der Grundstücksbesitzer erlassen sind. Es können daher die nach § 100 A. L.-R. I. 8 und § 10 des Vorflutgesetzes vom 15. November 1811 zur Unterhaltung, Räumung und Auskrautung der Wasserläufe verpflichteten Adjazenten zur Kanalisierung dieser Wasserläufe auch dann nicht angehalten werden, wenn die Kanalisierung selbst im gesundheitspolizeilichen Interesse sich als dringend notwendig erweist.

Nr. 53.

Endurteil des III. Senats vom 2. Januar 1888 (Entsch. Bd. XVI. S. 327).

1) Sowol nach Preuß. Landrecht als nach der — in dem entschiedenen Spezialfalle zur Anwendung gelangenden — Großherzogl. Hessischen Gesetzgebung sind die Verpflichtungen der Adjazenten von Wasserläufen darauf beschränkt, daß denselben die Unterhaltung der Ufer und die Wegräumung aller Hindernisse des freien Wasserablaufs obliegt. Dagegen sind die Anlieger zu weitergehenden Leistungen, insbesondere zur Ausführung von Uferschutzbauten nicht verpflichtet.

2) Die Befugnis der Polizei, in das Privateigentum einzelner bei vorhandenen Gefahren nicht Beteiligter zur Beseitigung dieser Gefahren einzugreifen, ist auf den Fall beschränkt, wenn es sich einerseits um Abwendung einer unmittelbar drohenden Gefahr handelt, und diese Abwendung andererseits auf einem anderen Wege als dem des Eingriffs in das Privateigentum Dritter nicht möglich ist.

XVII.

Die Deiche.

(Einzuschalten auf S. 292 des Stammwerkes.)

Nr. 2.

Endurteil des III. Senats vom 4. Juni 1888 (Entsch. Bd. XVI. S. 331).
(Selbstverw. 1888 S. 259.)

Die Befugnis, zur Anlegung, Verlegung, Erhöhung oder Beseitigung eines Deiches in Gemäßheit des § 1 Abs. 1 des Preuß. Deichgesetzes vom 28. Januar 1848 die Genehmigung zu erteilen, ist wesentlich verschieden von der Befugnis, gemäß Abs. 2 a. a. O. bei nicht genehmigter Anlegung ꝛc. die Wiederherstellung des früheren Zustandes zu fordern. Während die erstere Befugnis allgemein der Landespolizeibehörde vorbehalten war, und nunmehr nach § 96 Zust.-Ges. auf die Bezirksausschüsse übergegangen ist, steht die letztere in den Provinzen Hannover und Schleswig-Holstein nach wie vor den durch das Gesetz vom 11. April 1872 mit der Ausübung der staatlichen Oberaufsicht über das Deichwesen betrauten unteren Verwaltungsbehörden (Landräten, Magistraten) zu.

XVIII.

Die Wege.

Nr. 84.

(Einzuschalten auf S. 91 des I. Ergänzungsbandes.)

Endurteil des I. Senats vom 23. April 1887 (Entsch. Bd. XV. S. 277).

1) Die Begriffe der Land- und Heerstraßen (A. L.-R. II. 15. § 1.) und der Chausseen decken sich nicht. Die Chausseen sind vielmehr nur diejenigen kunstmäßig ausgebauten Wege, auf welche die speziell für Chausseen ergangenen gesetzlichen und reglementarischen Bestimmungen und Prärogative anwendbar erklärt sind.

2) Das öffentliche Wegerecht legt der Polizeibehörde und den Wegebaupflichtigen die Fürsorge für die Leichtigkeit des Verkehrs auf dem Wege, nicht aber für die Erleichterung des Zugangs zu demselben auf.

3) Wird eine frühere Landstraße unter teilweiser Aenderung der Straße chausseemäßig ausgebaut, so verlieren die liegengebliebenen Strecken der alten Straße, soweit sie nun nicht mehr den Verkehr zwischen zwei Städten vermitteln, den Charakter einer Landstraße und werden, soweit sie für das Verkehrsbedürfnis auch fernerhin unentbehrlich sind, zu Kommunikationswegen, deren Unterhaltung sich nach den für diese bestehenden Bestimmungen regelt.

4) Die Klage gegen die Wegepolizeibehörde und den für verpflichtet erachteten Dritten gemäß § 56 Abs. 1 und 4 Zust.-Ges. vom 1. August 1883

schafft nur für den speziell vorliegenden Baufall formelles Recht. Die Klage auf Feststellung der Verpflichtungsfrage im Allgemeinen (Abs. 5 a. a. O.) ist nur unter den Beteiligten und nicht gegen die Polizeibehörde zulässig.

Nr. 85.

Endurteil des I. Senats vom 1. Oktober 1887 (Entsch. Bd. XV. S. 286).

1) Wenn ein Weg ursprünglich von dem Eisenbahn= Bau= und Betriebs=Unternehmer lediglich zu dem Zwecke angelegt ist, um ein Stationsgebäude mit dem nächsten öffentlichen Wege zu verbinden, und wenn infolgedessen dieser Weg durch Ausspruch des Zivil=Prozeßrichters für einen Privatweg des Eisenbahnfiskus erklärt worden ist, und wenn dann endlich dieser Weg, nachdem derselbe für den öffentlichen Verkehr in Anspruch genommen wurde, seitens der Eisenbahnverwaltung für den öffentlichen Verkehr überlassen worden ist, so daß der Weg nunmehr thatsächlich und rechtlich als ein öffentlicher besteht, so geht die Verpflichtung zur Unterhaltung dieses Weges auf diejenigen über, welche sie innerhalb des Kommunalbezirks, in welchem der Weg liegt, bezüglich aller öffentlichen Wege nach Provinzial= und Lokalrecht zu erfüllen haben.

2) Eisenbahnen sind, soweit sie dem Verkehr des Publikums unter staatlicher Aufsicht dienen, im gewissen Sinne öffentliche Straßen (§ 8 des Gesetzes vom 3. November 1838). Bahnanlagen gehören nicht zu den öffentlichen Wegen im Sinne des den Bau und die Unterhaltung der letzteren regelnden, gemäß §§ 55 und 56 des Zuständigkeitsgesetzes vom 1. August 1883 zu handhabenden Rechtes und zwar auch nicht, wenn es sich um Wege handelt, welche zur Vermittelung des Bahnhofsverkehrs innerhalb des Bahngebietes angelegt sind, um die Bahnhofsgebäude und Güterschuppen unter sich und mit dem nächsten öffentlichen Wege zu verbinden.

3) Die öffentlichen Wege jenes Wegerechts sind polizeiliche Anstalten, sie stehen als solche zur Verfügung der Polizeibehörden in dem allein maßgebenden gebenden öffentlichen Interesse. Das private Eigentums= und Nutzungsrecht am Wegekörper kann nur insoweit geübt werden, als es die polizeiliche Disposition über den Weg gestattet. Sie können daher niemals kraft Privatrechtes dem allgemeinen Gebrauche entzogen werden, sondern nur durch die Verfügung der Polizeibehörde. Die Last ihrer Anlegung und Unterhaltung ist eine gesetzlich besonders geregelte Polizeilast.

4) In allen diesen Beziehungen (sub 3) stehen die Eisenbahnlagen unter wesentlich anderen rechtlichen Gesichtspunkten. Obwohl dem Staate in Bezug auf die Eisenbahnunternehmungen, entsprechend den beteiligten öffentlichen Interessen und den gesetzlich jenen eingeräumten Privilegien (?) die weitgehendsten Aufsichts= und sonstigen Rechte zustehen, und obwohl die Unternehmer selbst mit staatshoheitlichen Attributen ausgerüstet sind, so ist doch andererseits der Eisenbahn=Bau und =Betrieb durch das Gesetz vom 3. November 1838 unter dem Gesichtspunkte von auf Erwerb gerichteten Privatunternehmen geregelt, die als solche nicht den Charakter polizeilicher Anstalten gleich den öffentlichen Wegen haben.

5) Die Eisenbahn=Betriebs=Unternehmer verfügen über ihre Bahnhofsanlagen als Eigentümer kraft Privatrechtes, wenn auch unter staatlicher Aufsicht, und indem das Gesetz vom 3. November 1838 im § 24 ihnen die Verpflichtung auferlegt, die Bahn= und Transportanstalten fortwährend in einer der Bestimmung des Unternehmens entsprechenden Verfassung zu erhalten, so wird damit dem Eigentümer und Nutznießer als solchem eine Last im öffentlichen Interesse auferlegt, es wird aber keine von dem Eigentum unabhängige gemeine

Last zur Unterhaltung einer polizeilichen Anstalt gleich der Unterhaltungslast der öffentlichen Wege geschaffen.

6) Es ist hiernach ausgeschlossen, die Bahnhofsanlagen, soweit sie eben in Wegen bestehen, als ihrer Bestimmung nach beschränkt-öffentliche Wege im Sinne des gemeinen Wegerechts, wie sie etwa sonst als Mühlen-, Kirch-, Schulwege und dergl. vorkommen, zu charakterisieren, sie stehen vielmehr diesen öffentlichen Wegen als Privatwege gegenüber, soweit sie auch innerhalb dieser Kategorien in einzelnen rechtlichen Beziehungen eine besondere Stellung einnehmen.

7) Werden solche Wege öffentliche, so handelt es sich dabei keineswegs nur um eine Erweiterung ihrer Bestimmung, welche ihren rechtlichen Charakter und die von demselben unabhängige Unterhaltungspflicht unberührt läßt, vielmehr um eine vollständige Aenderung ihrer rechtlichen Natur, welche für die Unterhaltungslast entscheidend ist. Dadurch, daß der Weg ein öffentlicher geworden, hört er auf, zu den dem Eisenbahnunternehmer eigentümlichen und deshalb von ihm gemäß § 24 des Gesetzes vom 3. November 1838 zu unterhaltenden Transportanstalten zu gehören. Die Bestimmung, welcher ein bisheriger Teil einer Bahnhofsanlage bis zu seiner Verwendung zur Anlage eines öffentlichen Weges diente, ist für die Frage nach der Pflicht zur Unterhaltung des letzteren bedeutungslos.

8) Der Umstand, daß der Eisenbahnfiskus einen Zufuhrweg notwendig braucht und daß der Fiskus so bei der Ersetzung desselben durch einen öffentlichen Weg von einer bisherigen Last entbürdet wird, mag in Betracht kommen, wenn eine Entschädigung für die Ueberlassung des Wegekörpers von den Wegebaupflichtigen gefordert würde und es auf deren Abmessung ankäme, dagegen gestattet es die Lage der Gesetzgebung nicht, jenen Umstand für die Regelung der Unterhaltungslast zu verwenden.

9) Der Eisenbahneigentümer hat als solcher so wenig zur Unterhaltung des neu geschaffenen (öffentlichen) Weges beizutragen, als der Eigentümer jedes anderen Privatweges, der in den Traktus eines öffentlichen hineingezogen wird, auch wenn er vielleicht polizeilich angehalten werden kann, ihn als „jederzeit offenen Weg" zu unterhalten (§ 14 des Ansiedelungsgesetzes vom 25. August 1876 — G.-S. S. 405 -) und auch wenn ihm durch den Ersatz des öffentlichen Weges vielleicht die weitgehendsten Vermögensvorteile zu Teil werden. Der Eisenbahnunternehmer kann genötigt werden, seinen Zufuhrweg dem öffentlichen Verkehr zu überlassen, nicht aber, an der Unterhaltung eines öffentlichen Weges in anderer Weise teilzunehmen, als nach dem für diese Verpflichtung bestehenden gemeinen, provinziellen oder örtlichen Wegerechte.

10) Dagegen spricht auch nicht der § 14 des Enteignungsgesetzes vom 11. Juni 1874 (G.-S. S. 221). Denn diese dem Enteignungsrecht eigentümliche Bestimmung verpflichtet den mit dem Enteignungsrecht ausgestatteten Unternehmer zur Einrichtung gewisser Anlagen neben dem eigentlichen Unternehmen, darunter auch solcher, die im öffentlichen Interesse zur Sicherung gegen Gefahren und Nachteile notwendig werden, und er soll auch die Unterhaltung dieser Anlagen tragen, insoweit dieselbe über den Umfang der bestehenden Verpflichtungen zur Unterhaltung vorhandener, dem nämlichen Zwecke dienender Anlagen hinausgeht. Diese Verhältnisse treffen im vorliegenden Falle nicht zu.

11) Wirtschaftswege, welche als Ersatz gewisser Parzellenbesitzer angelegt werden, sind nicht öffentliche Wege, auch nicht beschränkt öffentliche Wege. Die Verpflichtung des Fiskus, einzelnen Parzellenbesitzern Zugangswege zu ihren Grundstücken zu gewähren, wird durch die Umwandlung des Weges in einen

öffentlichen nicht beseitigt; und ihre Erfüllung durch den Verpflichteten erübrigt so lange, als der öffentliche Weg besteht.

12) Wenn der Unternehmer einer Sekundär- oder Pferdebahn die Mitbenutzung einer Chaussée oder städtischen Straße im Wege der Expropriation erlangt und den Wegeunterhaltungspflichtigen für die aus seinem Unternehmen erwachsende Mehrlast entschädigen muß, so handelt es sich nicht um eine Ausdehnung der Bestimmung, der die Straße als öffentliche dient, sondern um die Benutzung der Straße zu einem Privatunternehmen, die sich nicht als gemeiner freier Gebrauch der Straße im Sinne des Wegerechts darstellt, deren Duldung daher gegebenen Falles vom Wegeunterhaltungspflichtigen im Zwangsenteignungsverfahren verlangt werden muß und für deren Duldung der Pflichtige, eben weil es sich nicht um den gemeinen Gebrauch der Straße handelt, entschädigt werden muß, ohne daß dadurch jedoch seine Verpflichtung zur Unterhaltung der Straße u. s. w. eingeschränkt würde.

13) Die Zuständigkeit der Behörden ist eine ganz verschiedene, je nachdem es sich um die Kontrole der Verpflichtung zur Unterhaltung der Transportanstalten aus § 24 des Eisenbahngesetzes oder um die Erfüllung der Wegebaulast nach gemeinem Wegerecht handelt. Lediglich die letztere Kontrole steht den Wegepolizeibehörden und im weiteren Verfahren den Verwaltungsgerichten zu.

Nr. 86.

Endurteil des I. Senats vom 5. Oktober 1887 (Entsch. Bd. XV. S. 294).

1) In dem für das Herzogtum Magdeburg erlassenen, noch heute in Kraft stehenden Edikte vom 14. Juli 1742 ist den „Dörfern" die Verpflichtung auferlegt worden, zu den in einer Entfernung von 1½ Meilen vorkommenden Landstraßen-Bauten gegen Entgelt Hand- und Spanndienste zu leisten. Diese Leistungen gehören nicht zu den ungemessenen Diensten im Sinne der §§ 315 und 458 Tit. 7 Teil II A. L.-R's., denn diese Gesetzesbestimmungen regeln Rechtsverhältnisse der Unterthanen zu ihren Guts- und Grundherrschaften bezüglich der diesen für ihre Güter zu leistenden Dienste, derartige Dienste stehen aber nach dem vorhergedachten Edikte nicht in Frage, vielmehr ist dadurch den Dörfern, ohne Rücksicht darauf, wer die Gutsherrschaft ist, eine Teilnahme an der öffentlich-rechtlichen Last der Unterhaltung der Land- und Heerstraßen auferlegt worden, für welche es an einer privatrechtlichen Grundlage mangelt. Es handelt sich um eine öffentlich-rechtliche Hülfsleistung beim Wegebau, um eine Art Nachbarhülfe.

2) Die Summen, welche für nicht geleistete Hand- und Spanndienste dem an erster Stelle Wegebaupflichtigen zu zahlen sind, nennt das Edikt „Strafen", es handelt sich aber thatsächlich um Umfang und Inhalt einer öffentlich-rechtlichen Verpflichtung zur Unterhaltung eines öffentlichen Weges, deshalb sind auch Streitigkeiten über die Zahlung der für den Fall der Nichtleistung der Dienste durch jenes Edikt bestimmten Strafen gemäß Abs. 5 des § 56 des Zuständigkeits-Gesetzes vom 1. August 1883 von den Verwaltungsgerichten zu entscheiden.

3) Unter „Dörfern" sind hier die Dorfgemeinden zu verstehen.

4) Die betreffenden Dienste hat der Landrat auszuschreiben, die Beteiligung des Ortsvorstehers hierbei ist nicht erforderlich.

5) Wenn die Straßenbaudienste zum Zwecke der Regulierung und Pflasterung einer Wegestrecke gefordert sind und wenn auch die Dorfgemeinde nicht in dem geforderten Umfange, sondern nur nach dem Maße zu leisten gehabt hätte, nach welchem sie bei der Anlegung einer gewöhnlichen Landstraße Dienste thun

müßte (siehe unten 7), so durfte doch die Gemeinde nicht Alles verweigern, vielmehr mußte sie das schuldige Mindermaß an Diensten anbieten; jede weitere Forderung muß der Verwaltungsrichter als unbegründet abweisen.

6) Daß der Einwand der Ueberbürdung gleich bei dem Anfange der landrätlichen Aufforderung hätte geltend gemacht werden müssen, ist nicht zutreffend. Von einem Reklamationsverfahren nach Maßgabe des Gesetzes vom 18. Juni 1840 (G.-S. S. 140) kann hier nicht die Rede sein, und zwar, abgesehen von allen anderen Gründen, schon um deswillen nicht, weil es sich nicht um Steuern und Abgaben handelt. (Siehe Endurteil vom 1. März 1879 — Stammwerk S. 120 Nr. 32.)

7) Nach Magdeburgischem Wegerechte sind die Gemeinden keineswegs nur zu Diensten behufs Instandsetzung einer ordinären Landstraße, sondern auch zur Regulierung und Pflasterung derselben verpflichtet, jedoch soll hierbei seitens der Behörden unter Beobachtung der den Wegebaupflichtigen bestimmenden Rechtsnormen, sowie unter Berücksichtigung des Bedürfnisses und der Leistungsfähigkeit verfahren werden. Das Edikt kennt keine Unterscheidung zwischen „gewöhnlichen" Landstraßen und Dämmen oder kunstmäßigen Straßenbauten, jedoch letztere mit Ausnahme der Chausseebauten.

8) Unter „chausseemäßig" ausgebauten Wegen sind allein die nach Maßgabe der für den Chausseebau geltenden Normen, die als Chausseen ausgebauten Wege zu verstehen, nicht aber chausseeähnliche Wege derartig, daß etwa in dieser Beziehung noch eine Unterscheidung zwischen gewöhnlichen und befestigten, namentlich gepflasterten Straßenstrecken in die Vorschriften des Provinzialrechts hineingetragen würden.

9) Auf § 17 Tit. 15 Teil II. A. L. R's. könne sich die Gemeinde nicht stützen, weil das Provinzialrecht dem Landrechte vorgeht.

10) Um einen Chausseebau würde es sich bei angeordneter Pflasterung nur dann handeln, wenn erhellte, daß es sich dabei um ein Mehreres handelte, als was im öffentlichen Verkehrsinteresse notwendig ist.

11) Was die maßgebende Entfernung von 1½ Meilen von dem in Anspruch genommenen Orte anlangt, so ist dieselbe dahin zu bestimmen, daß die ganze zu bessernde Wegestrecke innerhalb des Umkreises von 1½ Meilen liegen muß.

12) Ohne dringende Veranlassung sollen derartige Hand- und Spanndienste während der Saat- und Erntezeit nicht gefordert werden. (Vergl. §§ 417 und 418 Tit. 7 Teil II. A. L. R's., hier nur analog anwendbar). Wie lange die Saat- und Erntezeit in der betreffenden Gegend dauert, muß besonders festgestellt werden.

13) Die Gemeinden und die in denselben Hand- und Spanndienstpflichtigen sind nicht verbunden, mehr Dienste zu leisten, als sie mit der ganzen Zahl an Gespann- und Dienstpflichtigen vermögen, die nach Maßgabe der Ortsverfassung vorhanden sind, bezw. vorhanden sein sollen, sie sind nicht verpflichtet, zu einer Leistung über das Maß hinaus Gespann oder Arbeitskräfte zu mieten. Dies folgt aus der rechtlichen Natur der Hand- und Spanndienste, die der Pflichtige normaler Weise mit eigener Kraft leisten soll.

Nr. 87.

Endurteil des I. Senats vom 22. Oktober 1887 (Entsch. Bd. XV. S. 312).

1) Einem Antrage auf Aufhebung einer landrätlichen polizeilichen Verfügung kann nur dann stattgegeben werden, wenn die betreffende Klage auch gegen den Landrat gerichtet ist. (§ 56 des Zuständigkeitsgesetzes vom 1. August

1883). Einer etwaigen Versäumnis in dieser Beziehung kann auch durch Beiladung nicht abgeholfen werden, namentlich wenn inzwischen die Klagefrist verstrichen ist.

2) Der § 58 des Hannoverschen Gesetzes über die Gemeindewege und Landstraßen vom 28. Juli 1851 enthält u. A. eine Vorschrift, nach welcher Brücken in Gemeindewegen, welche auf Grund des staatlichen Land- und Wasser-Pegels bisher von öffentlichen Verwaltungen unterhalten sind, der Gemeinde weder zu-, noch zur Last fallen sollen. Diese Bestimmung ist der Absicht entsprungen, den Gemeinden in der ihnen durch das Gesetz überkommenden erheblichen Unterhaltungslast für diejenigen Brücken, deren besonders kostbare Anlage den Zollregeln ihre Entstehung verdankte, eine billige und gerechte Erleichterung zu verschaffen. Diese Rücksicht wirkt noch heute nach, wenn auch der betreffende Weg schon längst nicht mehr als Zollstraße anzusehen ist.

Nr. 88.

Endurteil des I. Senats vom 11. Mai 1887 (Entsch. Bd. XV. S. 322).

1) Die Polizeibehörde in Schlesien ist befugt, Dorfauenteile, welche ohne deren Zustimmung ihrer öffentlich-rechtlichen Bestimmung entzogen sind, für den öffentlichen Verkehr auch dann in Anspruch zu nehmen, wenn als Eigentümer derselben im Grundbuch nicht der Gutsherr, sondern andere Personen eingetragen sind.

2) Zu dem Zwecke, einen öffentlichen Weg anzulegen, kann das Privateigentum, auch wenn es sich dabei nur um die Umwandlung eines offenkundigen Privatweges in einen öffentlichen handelt, durch eine polizeiliche Verfügung nicht entzogen werden. Dazu bedarf es vielmehr einer Auflage an den Wegebaupflichtigen, damit von diesem der zur Anlegung des öffentlichen Weges benötigte Grund und Boden, mag solcher bereits zu einem privaten Wege gedient haben oder nicht, mittels sei es freihändigen Ankaufs, sei es der Zwangsenteignung von dem Eigentümer beschafft werde.

3) Die Auen (Dorfauen), welche Eigentum der Gutsherrschaft sind, dienen auch in Schlesien an erster Stelle öffentlichen Zwecken und unterliegen darum keineswegs der freien Disposition ihres Eigentümers. Ihre Erhaltung für den öffentlichen Verkehr bildet ein hervorragendes öffentliches Interesse, sie stehen daher unter dem Schutze der Polizei. Eigentums- und Nutzungsrechte an der Aue können durch Verjährung gegen den Gutsherrn nur soweit erworben werden, als jene mit ihrer Bestimmung als eine Einrichtung der öffentlichen Ordnung und mit den Zwecken des öffentlichen Interesses vereinbar sind.

4) Selbst das Nutzungsrecht des Gutsherrn an der Dorfaue ist kein ausschließliches, es muß stets dem gemeinen Gebrauche weichen und kann nur mit dessen Vorbehalt eintreten.

5) Gegen eine den gemeinen Gebrauch sichernde Anordnung der Polizei kann sich der Erwerber eines Trennstückes der Aue nicht durch Berufung auf sein Eigentum schützen, einerlei, ob der Erwerb durch Verkauf vom Gutsherrn oder durch Verjährung erfolgt ist. (Siehe Endurteil vom 19. April 1879 — Stammwerk S. 149, Nr. 6. —)

6) Da die Verfügungsgewalt der Polizei durch Verjährung nicht erlischt (Siehe Endurteil vom 3. Juni 1882 — Stammwerk S. 335 Nr. 47 Ziffer 4 und 5 —), so kann der Erwerber eines Auengrundstückes das Aufhören der öffentlich-rechtlichen Beschränkung seines Verfügungsrechtes nur dadurch erweislich machen, daß er den Verzicht der Polizeibehörde auf die dem Grundstücke anhaftenden öffentlichen Gebrauchsrechte, bezw. deren Einwilligung, daß das

Grundstück in das unbeschränkte Privateigentum übergeht, beibringt, und hiezu ist er selbst dann genötigt, wenn er Grundbucheigentümer geworden ist, da, was der § 73 der Grundbuchordnung und § 11 des Eigentums-Erwerbs-Gesetzes vom 5. Mai 1872 (G.-S. S. 433) über die Notwendigkeit der Eintragung von Beschränkungen des Eigentums- und Verfügungsrechtes in das Grundbuch behufs Erhaltung der Rechswirkung gegen Dritte bestimmt, sich ausschließlich auf privatrechtliche Verhältnisse bezieht.

7) Der Mangel eines jederzeit offenen Zugangs zu einem Gehöfte kann für sich den Anlaß polizeilichen Einschreitens nur dann geben, wenn dem öffentlichen Verkehr Grund und Boden entzogen ist, von welchem behauptet wird, daß er die Eigenschaft einer Dorfaue besitze.

8) Die Beseitigung eines vorgekommenen materiellen Irrtums in dem Grundbuchkataster, welcher in der von der Wirklichkeit abweichenden Darstellung der Eigentumsgrenze in der Gemarkungskarte beruht, kann durch Umschreibung der Grundfläche auf einen andern Eigentümer auch ohne Eintragung in das Grundbuch erfolgen.

Nr. 89.

Endurteil des I. Senats vom 28. April 1888 (Entsch. Bd. XVI. S. 285).

1) Nach der in den §§ 127 und 132 des Landesverwaltungsgesetzes vom 30. Juli 1883 niedergelegten Regel hat die Polizeibehörde die von ihr für notwendig erachtete Handlung dem Verpflichteten durch Anordnung aufzugeben, dann behufs der Durchsetzung der geeigneten Zwangsmittel (Ausführung durch Dritte oder [Exekutiv-] Strafe) schriftlich anzudrohen, demnächst diese festzusetzen und auszuführen und endlich die solchergestalt festgesetzten Kosten und Strafen in dem durch die Verordnung vom 7. September 1879 (G.-S. S. 591) vorgeschriebenen Verwaltungszwangsverfahren einzuziehen. Gegen die Anordnung der Handlung und gegen die Androhung der Zwangsmittel ist dem Verpflichteten die Rechtskontrole im Streitverfahren durch die §§ 127 und 128 beziehungsweise § 133 Abs. 1 des Landesverwaltungsgesetzes eingeräumt, gegen die Festsetzung und Ausführung der Zwangsmittel nach § 133 Abs. 2 a. a. O. in allen Fällen aber nur die Beschwerde im Aufsichtswege.

2) Für die Anordnung ist eine besondere Form nicht vorgeschrieben; sie kann daher auch in dem thatsächlichen Eingreifen der Polizei selbst bestehen, zu welchem die letztere jedoch nach dem § 132 Nr. 3 des L.-V.-G. nur ausnahmsweise und nur dann befugt erscheint, wenn die beabsichtigte Anordnung ohne ein solches, ohne „unmittelbaren Zwang“ nicht ausführbar ist. Dessen Anwendung enthält nicht nur die Anordnung einer Handlung, sondern auch die Ausführung eines Zwangsmittels; dem durch thatsächliches Eingreifen der Polizei in seinen Rechten Verletzten stehen daher die Rechtsbehelfe entweder der Rechtskontrole oder der Beschwerde zu, je nachdem er die behauptete Verletzung in dem polizeilichen Gebote oder in der zwangsweisen Ausführung der erzwungenen Handlung erblickt. (Vergl. Rechtsgrundsätze von Parey und Wiedemann S. 77 Nr. 57.) Dagegen schließt die Anwendung u n m i t t e l b a r e n Z w a n g e s die vorgängige Androhung desselben begriffsmäßig aus; an Stelle der letzteren ist eben die sofortige Ausführung des Zwangsmittels getreten. Die sonst gegen die Androhung zulässigen Rechtsbehelfe und damit auch die r i c h t e r l i c h e Prüfung über die Gesetzmäßigkeit der anzuwendenden Zwangsmittel nach Art und Höhe können daher gegen die Anordnung unmittelbaren Zwanges nicht Platz greifen. Die Ausführung des letzteren unterliegt vielmehr in vollem Umfange sowohl bezüglich der Angemessenheit der gewählten Maßregeln als bezüglich des Vorhandenseins der gesetzlichen Voraussetzungen seiner Zulässigkeit nach § 133

Abs. 2 des L.-V.-G. lediglich der Beurteilung durch die Aufsichtsinstanzen. (Siehe Stammwerk S. 323 Nr. 31).

3) Im Allgemeinen gelten diese Grundsätze auch für wegepolizeiliche Verfügungen (§ 55 des Zuständigkeitsgesetzes vom 1. August 1883), es soll jedoch die Wegepolizeibehörde den Pflichtigen nur ausnahmsweise bei Gefahr im Verzuge die Leistung ohne vorgängige Aufforderung für dessen Rechnung ausführen lassen d. h. unmittelbaren Zwang anwenden, während sie in beiden Fällen die durch den Zwang entstandenen Kosten festsetzen und durch Verwaltungs-Exekution vom Pflichtigen einziehen kann. Hält sich bei der Anwendung unmittelbaren Zwanges der Pflichtige entweder durch das thatsächliche Eingreifen der Wegepolizei oder erst durch eine solche Anforderung der Kosten in seinen Rechten verletzt, so stehen ihm gegen die in jenem enthaltene Anordnung entweder die allgemeinen Rechtsmittel der §§ 127, 128 des L.-V.-G. oder — falls die Anordnung unter die in § 56 Abs. 1 des Z.-G. erwähnten fällt — diejenige des Einspruchs und der nachfolgenden Klage zu Gebote. Gegen die Ausführung des Zwanges und somit auch gegen die Zulässigkeit derselben ohne vorgängige Aufforderung ist indeß in allen Fällen nur die Beschwerde im Aufsichtswege zulässig.

4) Die Zulässigkeit eines Rechtsmittels wird lediglich durch diejenige Auffassung von der rechtlichen Natur der angegriffenen Verfügung bestimmt, welche in der letzteren zum Ausdruck gelangt, nicht aber durch diejenige, welche ihr von der zur Entscheidung über die Rechtsmittel berufenen Stelle beigelegt wird. (Siehe Stammwerk S. 441 Nr. 13.)

5) Wenn von einer Gemeinde die Pflasterung eines Weges verlangt und seitens der Wegepolizeibehörde bewirkt wird, so stellen sich die hierdurch erwachsenen Kosten als die zur Ausführung eines Zwangsmittels dar, zu deren Zahlung der Polizei gegenüber nur Derjenige verpflichtet ist und durch Verwaltungs-Exekution angehalten werden kann, gegen welchen der Zwang — einerlei ob zu Recht oder Unrecht — gerichtet war. Erachtet der solchergestalt zum Wegebau Gezwungene an seiner Stelle einen Anderen zu der von ihm geforderten Leistung für verpflichtet. so steht es ihm frei, gegen diesen auf Grund des § 56 Absatz 6 des Zust.-Ges. auf Erstattung des Geleisteten zu klagen. Zur Entscheidung über einen solchen Anspruch ist demnach der Verwaltungsrichter, nicht die Wegepolizeibehörde berufen.

Nr. 90.

Endurteil I. Senats vom 29. Oktober 1887 (Entsch. Bd. XVI. S. 290).

1) Nach der Regel des schlesischen Wegereglements vom 11. Januar 1767 liegt die Wegeunterhaltungslast nicht den adjazierenden singulis accolis oder incolis, sondern gemäß § 7 principaliter und zwar nach Maßgabe ihres Bezirks, den Gemeinden und Dominien ob und es wird nur zufolge § 6 „nach der alten hergebrachten Gewohnheit" der Verteilungsmaßstab durch die Adjazenz bestimmt. Danach kann die Ansicht, daß lediglich die Behörde, nicht aber eine angeblich zu Unrecht herangezogene Privatperson sich an die Gemeinde unmittelbar sollte halten können, sondern ihren Erstattungsanspruch an den, wie irrtümlich vorausgesetzt wird, „wirklich und definitiv verpflichteten Adjazenten als den eigentlich Belasteten" gerichtet werden müßte, nicht aufrecht erhalten werden.

2) Das Ortsrecht unterliegt als ein Teil des objektiven Rechtes auch in der Revisionsinstanz der selbständigen, freien, richterlichen Prüfung.

3) Die Observanz besteht in der Rechtsüberzeugung, welche sich unter den Teilnehmern einer gewissen rechtlichen oder thatsächlichen Gemeinheit, unter

Umständen auch einer bestimmten Klasse, eines bestimmten Inbegriffs von Personen an einem Orte oder in einem bestimmten Distrikte gebildet hat. In dem schlesischen Wege-Reglement von 1767 ist die Observanz als Rechtsquelle ausdrücklich anerkannt.

4) Notwendige sachliche Bedingung für die Entstehung einer Observanz in Wege-Unterhaltungs-Angelegenheiten ist die gemeinsame Rechtsüberzeugung, welche sich im vorliegenden Falle bei der Gemeinde und der Gutsherrschaft in Betreff ihres Verhältnisses zur Unterhaltung der auf der betreffenden Feldmark belegenen Wege und Brücken gebildet hatte. Die Uebung muß ex oppinione necessitatis hervorgegangen sein.

5) Schenkung und Prekorität (Liberalität) haben nach allgemeinen Rechtsnormen die Vermutung gegen sich (A. L.-R. Teil I Tit. 7 § 107 und Tit. 11 § 1040).

Nr. 91.

Endurteil des I. Senats vom 26. Oktober 1887 (Entsch. Bd. XVI. S. 296).

1) Der Anschauung, daß gegenüber dem § 15 Tit. 15 Teil II A. L.-R's., da er nur Provinzialgesetze neben sich zulasse und bei der provinzialgesetzlichen Bestimmung des aus Anlaß des Chausseebaues in der Kurmark für diese ergangenen Ediktes vom 18. April 1792 die Bildung einer Lokalobservanz nicht statthaft erscheine, steht entgegen, daß es sich in diesem Falle nicht um eine Landstraße handelte, sondern um einen Kommunikationsweg, über welchen weder das A. L.-R. noch jenes Edikt disponiert.

2) Was einmal als Observanz für die Unterhaltung der Dorfstraße gilt, findet auch auf die derselben hinzugekommenen neuen Teile von selbst Anwendung und zwar ganz gleich, ob solche als eine allgemeine, provinzielle oder als eine lokale, partikuläre in die Erscheinung tritt. Der für die Verjährung anerkannte Satz: „Quantum possessum, tantum praescriptum“ hat für die Observanz keinen Raum.

4) Wenn eine Observanz besteht, inhalts deren innerhalb einer Parochie von jedem Wohnhause Priester-Quartalgelder zu entrichten sind, so gilt dieselbe Verpflichtung auch unbedenklich für die neu errichteten Wohngebäude als Gesetz.

4) Für einzelne Wege- oder Straßenstrecken können sich verschiedene besondere Observanzen bilden.

5) Zwar ist nicht jedem öffentlichen Wege, welcher der Kommunikation zwischen zu derselben Ortschaft gehörenden Wohngebäude dient, beispielsweise nicht auch einem zu entfernter gelegenen Abbauten führenden öffentlichen Wege die Eigenschaft einer Dorfstraße zuzusprechen, denn als Kennzeichen einer solchen wird immer ein gewisser räumlicher Zusammenhang der Anbauten gelten müssen, dagegen entziehen aber auch vorkommende Lücken oder die bloße Einseitigkeit der Bebauung dem Wege nicht den Charakter einer Dorfstraße.

Nr. 92.

Endurteil des I. Senats vom 7. Dezember 1887 (Entsch. Bd. XVI. S. 299).

Nach § 138 Tit. 15 Teil II A. L.-R's. ist der Privatinhaber einer Wegegeldsgerechtigkeit (Befugnis zur Erhebung von Chausseegeld) schuldig, die Straßen innerhalb des ihm angewiesenen Distriktes auf eigene Kosten in sicherem und tauglichem Zustande zu erhalten. (Vergl. auch § 88 a. a. O.) Der Verzicht auf die Wegegeldsgerechtigkeit hat den Fortfall der korrespondierenden Wegeunterhaltungspflicht nicht zur Folge.

XIX.

Das Gewerbe.

A. Die Gast- und Schankwirthschaft.

Nr. 65.

(Einzuschalten auf S. 95 des I. Ergänzungsbandes.)

Endurteil des III. Senats vom 12. Mai 1887 (Entsch. Bd. XV. S. 349).

1) Aus der nach § 33 der Reichs-Gewerbe-Ordnung erteilten polizeilichen Erlaubnis zum Betriebe der Gast- und Schankwirtschaft erwächst dem Inhaber lediglich eine persönliche, nicht übertragbare Befugnis.

2) Mit dem Absterben des Inhabers erlischt diese Befugnis, und ein Streitverfahren, welches die Zurücknahme der Erlaubnis bezweckt, verliert in der Hauptsache seinen Gegenstand.

3) Wenn § 46 der Gewerbeordnung vorschreibt: Nach dem Tode eines Gewerbtreibenden darf das Gewerbe für Rechnung der Witwe während des Witwenstandes oder, wenn minderjährige Erben vorhanden sind, für deren Rechnung durch einen nach § 45 qualifizierten Stellvertreter betrieben werden, insofern die über den Betrieb einzelner Gewerbe bestehenden besonderen Vorschriften nicht ein Anderes anordnen, so ist damit nur ausgesprochen, daß den in § 46 bezeichneten Personen, mit Rücksicht auf die Verstattung ihres Ehemannes beziehungsweise Erblassers zum Gewerbebetriebe die Befugnis zur Ausübung des Gewerbes kraft Gesetzes zustehen solle, ohne daß es der nach § 33 der Gewerbeordnung notwendigen Erteilung der Erlaubnis bedürfe.

4) Die Entziehung einer solchen, kraft Gesetzes der Witwe eines Gewerbetreibenden zustehenden Befugnis kann weder durch Verschuldung des Ehemannes noch durch eigene Verschuldungen der Witwe, welche aus der Zeit vor Erlangung der Befugnis herrühren, begründet werden. (Siehe Endurteil vom 10. Februar 1879 — Stammwerk S. 364 Nr. 28 —.)

Nr. 66.

Endurteil des III. Senats vom 9. April 1888 (Entsch. Bd. XVI. S. 352).

(Selbstverw. 1888 S. 171.)

Die gewerbsmäßige Beherbergung von Fremden in einem Jedermann zugänglichen Lokale ist ein konzessionspflichtiges Gewerbe. Hierin wird auch dadurch nichts geändert, daß dem Herbergswirth durch Versagung der Schankkonzession die Berechtigung entzogen ist, seinen Gästen Getränke vorzusetzen. Eine solche Konzession kann mithin auch in Gemäßheit des § 53 der Reichs-Gewerbe-Ordnung entzogen werden.

Nr. 67.

Endurteil des III. Senats vom 23. Juni 1888 (Entsch. Bd. XVI. S. 355).

1) Nach § 114 Abs. 1 des Zuständigkeitsgesetzes vom 1. August 1883 ist seitens des Kreisausschusses über Anträge auf Erteilung der Erlaubnis zum Betriebe der Schankwirtschaft im Beschlußverfahren zu beschließen; zunächst muß aber nach Absatz 3 a. a. O. außer der Gemeindebehörde auch die Ortspolizeibehörde gehört werden, und es darf, falls von der Ortspolizeibehörde Widerspruch erhoben wird, die Erteilung der Erlaubnis nur auf Grund mündlicher Verhandlung im Verwaltungsstreitverfahren erfolgen.

2) Welcher Beamte nach dem bestehenden Rechte in der vorliegenden Sache die Funktionen der Ortspolizeibehörde auszuüben hatte, unterliegt der Prüfung und Beschlußfassung des Kreisausschusses. Gelangt dieser zu der Ueberzeugung, daß der Bürgermeister wegen Verfeindung mit dem Konzessionsnachsucher in der Sache ein objektives Urteil nicht abgeben kann, so ist der Kreisausschuß wohl befugt, statt des Bürgermeisters den ihn vertretenden Beigeordneten als Ortspolizeibehörde zu hören. Beamte, deren persönliches Interesse von einer Amtshandlung wesentlich betroffen wird, haben sich der Beteiligung an solcher zu enthalten. Ein persönliches Interesse des Bürgermeisters bei der Sache liegt nicht nur da vor, wo auf Seiten desselben ein vermögensrechtliches Interesse an der Versagung der in Frage stehenden Konzession obwaltet, sondern auch schon in dem Falle, wenn zwischen dem Bürgermeister und dem die Konzession Nachsuchenden eine Feindschaft von der Art besteht, daß die Unbefangenheit des ersteren gegenüber der Frage, ob dem Antragsteller die Konzession zu erteilen, nicht mehr als voll gesichert gelten kann.

3) Wenn der § 114 Abs. 3 a. a. Ordnung vorschreibt, daß die Erteilung der Erlaubnis nur auf Grund mündlicher Verhandlung im Verwaltungsstreitverfahren erfolgen dürfe, falls von der Ortspolizeibehörde Widerspruch erhoben wird, so wird hier die Erhebung des Widerspruchs seitens eines Beamten vorausgesetzt, welcher rechtlich befugt war, namens der Ortspolizeibehörde Widerspruch gegen den betreffenden Konzessionsantrag zu erheben. Dieser war aber nicht der befangene Bürgermeister, sondern der unbefangene Beigeordnete.

C. Straßengewerbe und Geschäftsvermittler.

Nr. 14.

(Einzuschalten auf S. 96 des I. Ergänzungsbandes.)

Endurteil des III. Senats vom 7. November 1887 (Entsch. Bd. XV. S. 346).

1) Die Klage der Polizeibehörde auf Entziehung der Erlaubnis zum Gewerbebetriebe ist nur in den Fällen des § 35 der Reichs-Gewerbe-Ordnung zulässig. In den Fällen des § 37 a. a. O. hat dagegen die Polizeibehörde, soweit dies überhaupt zulässig, ihrerseits die Untersagung des Gewerbebetriebes auszusprechen, und gegen diese Verfügung steht dem Betroffenen gemäß § 40 Abs. 2 das. der Rekurs durch Klage beim Bezirksausschuß (§ 119 Zuständ.-Ges. vom 1. August 1883) zu.

2) Das Gewerbe der Gondelführer und Gondelvermieter unterliegt der Regelung durch die Ortspolizeibehörde (§ 37 der Reichsgewerbeordnung, Endurteil vom 23. Juni 1877 — Stammwerk S. 377 Nr. 1 —).

3) Diese Regelung darf nicht blos den Betrieb der gedachten Gewerbe von einer besonderen polizeilichen Bewilligung im allgemeinen abhängig machen, sondern auch die Art der Ausübung, die Bedingungen der Zulassung zu den gedachten Straßengewerben umfassen und bestimmen, unter welchen Voraussetzungen der Betrieb derselben untersagt oder die erteilte Bewilligung zum Betriebe zurückgenommen werden kann. Insoweit aber die Polizeibehörde eine solche Regelung nicht hat eintreten lassen, ist der Gewerbebetrieb ein freier; es findet daher auch eine Untersagung desselben oder, falls der Gewerbebetrieb im Wege der polizeilichen Regelung für konzessionspflichtig erklärt worden ist, eine Entziehung der erteilten Konzession nur dann statt, wenn diese Maßregel auf demselben Wege für zulässig erklärt ist.

4) Der § 119 des Zuständ.-Ges. vom 1. August 1883 hat kein neues Recht geschaffen, sondern nur an die Stelle des im § 40 der Gewerbeordnung

geordneten Verfahrens (§§ 20, 21 a. a. O.) die Klage im Verwaltungsstreitverfahren eingeführt.

5) Auf Grund einer Polizeiverordnung, in welcher zwar der Beginn des Gewerbes und die Zulassung zum Gewerbebetriebe von der vorgängigen Erteilung eines polizeilichen Erlaubnisscheines abhängig gemacht, die Entziehung der erteilten Erlaubnis oder die Untersagung des Gewerbebetriebes aber überall nicht vorgesehen ist, kann eine Untersagung des Gewerbebetriebes in Gemäßheit des § 119 des Zuständ.-Ges. vom 1. August 1883 nicht herbeigeführt werden. Soll dies für die Zukunft ermöglicht werden, so ist die Polizeiverordnung entsprechend zu ergänzen.

Nr. 15.

Endurteil des III. Senats vom 6. Oktober 1887 (Entsch. Bd. XV. S. 356).

1) Wenn einem Kolporteur die nachgesuchte Genehmigung zum Feilbieten einer Zeitschrift versagt wird, so hat in dem gemäß § 56 Nr. 10 der Gewerbeordnung anhängig gewordenen Verwaltungsstreitverfahren die Beiladung des Verlegers und des Verfassers der betreffenden Druckschrift nicht zu erfolgen, wenigstens stellt die Unterlassung dieser Beiladung einen wesentlichen Mangel des Verfahrens nicht vor. (Siehe Endurteile vom 19. Juni 1878 — Stammwerk S. 193 Nr. 17 —, und vom 10. März 1886 — I. Supplementband S. 74 Nr. 56 Ziffer 4 —.)

2) Druckschriften, welche in „sittlicher" Beziehung Aergernis zu geben geeignet sind, brauchen nicht immer „unzüchtige" Schriften zu sein.

E. Hebeammen und Entbindungsanstalten.

Nr. 5.

(Einzuschalten auf S. 97 des I. Supplementbandes.)

Endurteil des III. Senats vom 20. Oktober 1887 (Entsch. Bd. XV. S. 352).

1) In dem Verfahren auf Entziehung des Prüfungszeugnisses und Untersagung des Gewerbebetriebes als Hebeamme kann, wenn das Zeugnis von einer außerpreußischen Instanz erteilt ist, die Entziehung nicht unbeschränkt, sondern nur für den Umfang des Preußischen Staatsgebiets ausgesprochen werden.

2) Während die Gewerbeordnung in einer Reihe von Fällen den Approbationen und Prüfungszeugnissen der Gewerbtreibenden Gültigkeit für den ganzen Umfang des Reiches beilegt, so in § 29 den Approbationen der Aerzte und Apotheker, in § 30a den Prüfungszeugnissen der Hufschmiede, in § 31 den Befähigungszeugnissen der Seeschiffer, Seesteuerleute und Maschinisten, enthält der § 30 eine entsprechende Bestimmung hinsichtlich der Prüfungszeugnisse der Hebeammen nicht.

K. Marktverkehr.

Nr. 3.

(Einzuschalten auf S. 387 des Stammwerkes.)

Endurteil des III. Senats vom 10. November 1887 (Entsch. Bd. XV. S. 366).

1) Das wesentliche Kriterium eines öffentlichen Marktes im Sinne des Tit. IV. der Reichs-Gew.-Ordn. besteht darin, daß die einheimischen mit den auswärtigen Marktbesuchern völlig gleichgestellt sind, daß also namentlich in der Verkaufsthätigkeit der letzteren ein Gewerbebetrteb im Umherziehen nicht gefunden wird.

2) Bestimmungen bezüglich des **Marktorts** enthält die Reichs-Gew.-Ordn. nicht; es besteht insbesondere keine gesetzliche Vorschrift dahin, daß als solcher nur eine öffentliche Straße oder ein öffentlicher Platz dienen dürfe. Vielmehr steht nicht entgegen, daß öffentliche Märkte auch auf im Privateigentum befindlichen, bebauten oder unbebauten Grundstücken — namentlich also in städtischen Markthallen — stattfinden dürfen, sofern denselben die Eigenschaft öffentlicher Märkte von der zuständigen Behörde mit Zustimmung des Grundstückseigentümers beigelegt ist.

3) Die zuständige Verwaltungsbehörde — in Preußen bezüglich des Wochenmarktverkehrs der Bezirksausschuß (Zust.-Ges. § 128) — hat zu bestimmen, an wieviel und an welchen Tagen in einem Gemeindebezirke ein Markt bestimmter Art stattfinden soll. Demnächst hat die Ortspolizeibehörde im Einverständniß mit der Gemeindebehörde im Wege der Marktordnung den Platz oder die mehreren Plätze für den Marktverkehr zu bestimmen. (R.-G.-O. §§ 65, 69 — Pr. G.-O. vom 17. Januar 1845 §§ 80, 84.)

L. Innungen.

Nr. 6.

(Einzuschalten auf S. 100 des I. Supplementbandes).

Endurteil des III. Senats vom 26. September 1887 (Entsch. Bd. XV. S. 379).

1) Während die §§ 18 und 34 des Zuständigkeitsgesetzes vom 1. August 1883 Streitigkeiten über das Recht zur Teilname an den Nutzungen und Erträgen des Gemeindevermögens und über die besonderen Rechte und Verpflichtungen einzelner Klassen der Gemeindeangehörigen in Ansehung solcher Ansprüche und Verbindlichkeiten der Verwaltungsrechtsprechung überweisen, ist das Gleiche hinsichtlich der Nutzungen des Innungsvermögens nicht geschehen, es folgt daraus, daß dergleichen Streitigkeiten der Entscheidung im Verwaltungsstreitverfahren nicht unterliegen.

2) Ein unfreiwilliges Austreten aus der Innung findet seit dem Erlaß der Gewerbeordnung nicht mehr statt. (Siehe Endurteil vom 16. Januar 1881*) — Stammwerk S. 388 Nr. 2 —).

Nr. 7.

Endurteil des III. Senats vom 29. September 1887 (Entsch. Bd. XV. S. 387).

Die Vorschrift des § 98b Abs. 3 R.-Gew. Ordn., daß die Genehmigung eines Innungsstatuts versagt werden kann, wenn in demselben Bezirk für die gleichen Gewerbe bereits eine Innung besteht, gilt nur für den Fall der Errichtung einer neuen Innung. Dieselbe findet dagegen keine Anwendung, wenn es sich um die Reorganisation einer bereits bestehenden Innung gemäß Art. 3 des Reichsgesetzes vom 18. Juli 1881 und um die Bestätigung eines demgemäß umgearbeiteten Innungsstatuts handelt.

XX.

Krankenversicherung der Arbeiter und eingeschriebene Hilfskassen.

Nr. 14.

(Einzuschalten auf S. 102 des I. Supplementbandes.)

Endurteil des III. Senats vom 15. September 1887 (Entsch.-Bd. XV. S. 391).

1) Als mit festem Gehalt angestellte Beamte im Sinne des § 3 Abs. 1 des Krankenversicherungs-Gesetzes vom 15. Juni 1883 sind diejenigen Angestellten

*) In den gedruckten Entscheidungen Band XV. S. 384 steht unrichtig „1882".

einer kommunalen Betriebsverwaltung anzusehen, deren fixirte Gehaltsbezüge ihnen auch bei Eintritt eines Krankheitsfalls bis zur Beendigung des Dienstverhältnisses fortgewährt werden müssen. Dagegen ist es nicht erforderlich, daß dieselben unbedingt auf die Dauer von 13 Wochen Anspruch auf Weiterbezug des Gehalts haben.

2) Ob ein Angestellter als Beamter im Sinne des § 3 a. a. O. anzusehen ist, hat der Verwaltungsrichter selbständig zu prüfen und nicht lediglich auf Grund einer amtlichen Bescheinigung der Anstellungsbehörde festzustellen.

Nr. 15.

Endurteil des III. Senats vom 19. Dezember 1887 (Entsch. Bd. XV. S. 395).

Zu den im § 6 des Krankenversicherungs-Gesetzes vom 15. Juni 1883 (R.-G.-Bl. S. 73) erwähnten „ähnlichen Heilmitteln" gehören auch gewöhnliche Beinschienen, weil dieselben mit der Kur in unmittelbarer Verbindung stehen und nicht mehr Kosten verursachen als etwa Brillen, Bruchbänder u. dergl. Absicht des Gesetzgebers war nur, den Gemeinden, Ortskrankenkassen u. s. w. sehr erhebliche Leistungen für Wein, kostspielige Badereisen und dergl. nicht aufzuerlegen. Dergleichen kostspielige Leistungen zu übernehmen, ist der freiwilligen Entschließung der Ortskrankenkassen anheimgegeben worden.

Nr. 16.

Endurteil des III. Senats vom 19. Dezember 1887 (Entsch. Bd. XV. S. 398).

1) Nicht nur über die Frage, ob ein Entschädigungsanspruch gemäß § 57 Krankenvers.-Ges. auf die Krankenkasse übergegangen ist, sondern auch für die Geltendmachung dieses Anspruchs gegen den entschädigungspflichtigen Dritten findet das Verwaltungsstreitverfahren statt.

2) Nur solche Entschädigungsansprüche, welche unmittelbar auf dem Gesetze beruhen, gehen auf die Krankenkassen über, nicht auch solche, welche aus einem Vertrage entspringen.

3) Der aus Art. 60 des Deutschen Handelsgesetzbuches vom 24. Juni 1861 hergeleitete Anspruch der Handelsgehilfen gegen den Prinzipal würden nur dann auf die Kasse übergehen, wenn er zugleich ein auf Gesetz beruhender Anspruch und ein Entschädigungsanspruch wäre. Er ist aber weder das eine, noch das andere.

Nr. 17.

Endurteil des III. Senats vom 6. Oktober 1887 (Entsch. Bd. XV. S. 403).

Der Erstattungsanspruch des Armenverbandes gegen die Krankenkasse aus § 57 Abs. 2 des Krankenversicherungsgesetzes vom 15. Juni 1883 ist auf diejenigen Fälle beschränkt, in welchen es sich um auf Grund dieses Gesetzes geschuldete Leistungen handelt. Auf anderem Fundament beruhende Erstattungsansprüche können nicht im Verwaltungsstreitverfahren, sondern nur im ordentlichen Rechtswege geltend gemacht werden. Deshalb findet ein derartiger Anspruch nicht statt, wenn die betreffende Kasse eine eingeschriebene Hilfskasse ist.

Nr. 18.

Endurteil des III. Senats vom 28. Mai 1888 (Entsch. Bd. XVI. S. 359).

1) Bei denjenigen Unterstützungen, welche nach § 21 zu 5 und 7 des Krankenversicherungsgesetzes vom 15. Juni 1883 (R. G. Bl. *) S. 73) von

---

*) In den Entscheidungen Band XVI. S. 359 steht irrtümlich „G. S. S. 73".

den Ortskrankenkassen und nach § 64 a. a. O. auch von den Betriebs-Krankenkassen für die Angehörigen der Kassenmitglieder gewährt werden dürfen, sind nicht diese Angehörigen, sondern die Kassenmitglieder selbst die Berechtigten.

2) Wird ein solcher Angehöriger zur Ortsarmenpflege übernommen (z. B. in ein öffentliches Krankenhaus aufgenommen), so geht mit dem Beginn der Armenpflege der Anspruch des Berechtigten an die Kasse auf den Ortsarmenverband über. Die Berechtigung des letzteren, den auf ihn übergegangenen Anspruch gegen die Krankenkasse geltend zu machen, wird dadurch nicht ausgeschlossen, daß sich das betreffende Kassenmitglied bereit erklärt, die durch die Kur und Verpflegung des Angehörigen im Krankenhause entstandenen Kosten zu bezahlen.

Nr. 19.

Endurteil des III. Senats vom 30. April 1888 (Entsch. Bd. XVI. S. 364).

(Selbstverw. 1888, S. 163.)

Die Krankenversicherungspflicht der in landwirthschaftlichen Betrieben beschäftigten Arbeiter erstreckt sich nicht auf das landwirthschaftliche Gesinde. Letzteres kann der Versicherungspflicht durch statutarische Vorschriften nicht unterworfen werden.

Nr. 20.

Endurteil des III. Senats vom 14. Mai 1888 (Entsch. Bd. XVI. S. 369).

(Selbstverw. 1888, S. 219.)

Ein in einem der Krankenversicherungspflicht unterworfenen Betriebe beschäftigter Arbeiter ist von dem Beitrittszwang zur Ortskrankenkasse befreit, solange er Mitglied einer der im § 4 des Krankenvers.-Ges. vom 15. Juni 1883 genannten Kassen ist. Tritt er aus dieser Kasse aus, so wird er ohne Weiteres versicherungspflichtiges Mitglied der Ortskrankenkasse mit allen Rechten und Pflichten eines solchen.

Nr. 21.

Endurteil des III. Senats vom 12. Dezember 1887 (Entsch. Bd. XVI. S. 373).

Über Ansprüche, welche von eingeschriebenen Hilfskassen, Sterbekassen, Invalidenkassen, Gemeinden und Armenverbänden auf Grund des § 8 des Unfallversicherungsgesetzes vom 6. Juli 1884 (R. G. Bl. S. 69) gegen Berufsgenossenschaften geltend gemacht werden, kann nicht im Verwaltungsstreitverfahren entschieden werden. Auf den § 58 Abs. 2 des Krankenversicherungsgesetzes vom 15. Juni 1883 (R. G. Bl. S. 73) kann zum Beweise des Gegenteiles nicht zurückgegriffen werden.

Nr. 22.

Endurteil des III. Senats vom 5. März 1888 (Entsch. Bd. XVI. S. 376).

(Selbstverw. 1888, S. 117.)

1) Der § 28 des Krankenversicherungs-Gesetzes vom 15. Juni 1883 ist dahin auszulegen, daß derjenige, welcher binnen der dreiwöchigen Frist nach dem Austritt aus dem seine Mitgliedschaft in einer Krankenkasse bedingenden Arbeitsverhältniß im Zustand der Erwerbslosigkeit erkrankt, den Anspruch auf die gesetzlichen Mindestleistungen der Kasse gegenüber für die Dauer der Krankheit, längstens für 13 Wochen behält.

2) Voraussetzung der Anwendbarkeit des § 28 cit. ist nicht, daß die Erwerblosigkeit eine unverschuldete sei; die Bestimmung greift vielmehr auch Platz, wenn die Erwerblosigkeit durch freiwilligen Austritt aus der Arbeit herbeigeführt ist. Die Ansprüche der erwerbslos Gewordenen bleiben auch bestehen bei mutwillig herbeigeführter Erwerbslosigkeit.

Nr. 23.

Endurteil des III. Senats vom 12. März 1888 (Entsch. Bd. XVI. S. 378).
(Selbstverw. 1888, S. 164.)

1) Wenn ein erkranktes Mitglied einer Krankenkasse die Annahme der ihm von derselben angebotenen Leistungen, z. B. Aufnahme in eine Krankenanstalt, ablehnt, so geht dasselbe hiedurch seiner Ansprüche gegen die Kasse — wenn überhaupt, was nicht im Verwaltungsstreitverfahren zu entscheiden ist, — jedenfalls nur für die Dauer dieser Annahmeweigerung verlustig; für die spätere Zeit hingegen verbleibt ihm der von seinem bisherigen Verhalten unabhängige Anspruch auf die gesetzlichen und statutmäßigen Kassenleistungen.

2) Das den Krankenkassen unter gewissen Voraussetzungen zustehende Recht, sich der Verpflichtung zur Gewährung von Krankengeld, freier ärztlicher Behandlung 2c. durch Unterbringung des Erkrankten in eine Krankenanstalt zu entledigen, kommt bei Berechnung des Geldwerths einer dem unterstützenden Armenverbande gemäß § 57 Abs. 2 des Krankenversicherungs-Gesetzes vom 15. Juni 1883 zu erstattenden Leistung nicht in Betracht. Diese Berechnung hat vielmehr stets in der Weise zu erfolgen, daß dem statutenmäßigen Krankengelde als Aequivalent der von der Kasse zu gewährenden Naturalleistungen die Hälfte des gesetzlichen Mindestbetrages des Krankengeldes hinzugerechnet wird. (§§ 57 Abs. 5 — 6 Abs. I¹ a. a. O.)

Vierte Abteilung.

Der Verwaltungsprozeß.

XXVI.

Das Streitverfahren.

Nr. 29.

(Einzuschalten auf S. 447 des Stammwerkes.)

Endurteil des III. Senats vom 9. Mai 1887 (Entsch. Bd. XV. S. 456).

1) Die Nichtigkeitsklage (Wiederaufnahme des Verfahrens) aus § 100 des Landesverwaltungsgesetzes vom 30. Juli 1883 und § 542 Nr. 1 der Zivilprozeßordnung vom 30. Januar 1877 kann auf die Verletzung des § 29 des Verwaltungsgerichtsgesetzes vom 3. Juli 1875*) nicht gestützt werden.

2) Die Nichtbefolgung dieser Dienstvorschrift durch einen vorschriftsmäßig besetzten Senat des Oberwaltungsgerichts entzieht dem ergangenen Erkenntnisse nicht die Eigenschaft des Erkenntnisses eines vorschriftsmäßig besetzten Gerichts.

Nr. 30.

Verfügung des III. Senats vom 17. Oktober 1887 (Entsch. Bd. XVI. S. 423).

Wenn der § 59 des L.-V.-G. vom 30. Juli 1883 von einer im Verwaltungsstreitverfahren zu verhandelnden Angelegenheit, bei welcher die betreffende Kreiskorporation als solche beteiligt ist, spricht, so kann dies nur auf solche Verwaltungsstreitsachen Anwendung finden, in welchen die Kreiskorporation als solche „Partei" ist. Deshalb bedarf es der Substitution eines anderen Kreis- oder Stadtausschusses nicht, wenn Jemand einen Antrag auf Erlaubnis zum Verkaufe von Spirituosen stellt in einem Lokale, welches der betreffenden Stadtgemeinde gehört (prorogatio fori necessaria).

Nr. 31.

Beschluß des II. Senats vom 16. Dezember 1887 (Entsch. Bd. XVI. S. 428).

1) Der Ausdruck „sinngemäße Anwendung" im § 61 des L.-V.-G. vom 30. Juli 1883 betreffend die Ablehnung der Gerichtspersonen ist vom

---

*) Es ist daran zu erinnern, daß die §§ 17—30a und 88 dieses im Uebrigen aufgehobenen Gesetzes noch heute Geltung haben. Es lautet aber der

§ 29.

Will ein Senat in einer Rechtsfrage von einer früheren Entscheidung eines anderen Senats oder des Plenums abweichen, so hat er die Verhandlung und Entscheidung der Sache vor das Plenum zu verweisen.

Zur Fassung von Plenar-Entscheidungen ist die Teilnahme von wenigstens zwei Dritteln aller Mitglieder erforderlich.

Gesetzgeber absichtlich gewählt, weil eine unmittelbare Anwendung nicht in allen Fällen möglich ist oder wenigstens nicht unter allen Umständen ausreicht. Die Bestimmungen im § 41 der Reichs-Zivil-Prozeß-Ordnung vom 30. Januar 1877 können daher zu einer Ausschließung auch da führen, wo sie ihrem Wortlaute nach nicht anwendbar erscheinen, sie müssen aber „sinngemäß" auf das Verwaltungsstreitverfahren übertragen werden.

2) Dies wird insbesondere notwendig, wenn die Rolle der einen Partei einer Behörde zufällt, welche auf dem Gebiete der Zivil-Prozeß-Ordnung nicht als solche, sondern nur in Vertretung eines mit selbständiger Persönlichkeit ausgestatteten Rechtssubjekts (z. B. einer Stadtgemeinde) auftreten könnte.

3) Als unzulässig muß es angesehen werden, daß ein und dieselbe Person die Prozeßhandlungen der im Streitverfahren beteiligten Behörden vollzieht und zugleich über dieselben richtet. Dies muß auch gelten, wenn das Mitglied einer kollegialisch besetzten Behörde (z. B. ein Magistratssyndikus) sich kraft seines Amtes an Parteihandlungen im Streitverfahren beteiligt.

XXVIII.

Disziplinarsachen.

(Einzuschalten auf S. 105 des I. Ergänzungsbandes.)

Nr. 7.

Endurteil des I. Senats vom 9. Juni 1888 (Entsch. Bd. XVI. S. 396).

1) Durch § 36 Ziffer 4 des Zuständ.-Ges. vom 1. August 1883 ist die Entscheidung in Disziplinarsachen den Verwaltungsgerichten übertragen; nach § 61 Abs. 1 des L.-V.-G. vom 30. Juli 1883 sollen in Betreff der Ausschließung und Ablehnung von Gerichtspersonen die Bestimmungen der bürgerlichen Prozeßgesetze sinngemäße Anwendung finden, mithin die deutsche Zivil-Prozeßordnung vom 30. Januar 1877 (R.-G.-Bl. S. 83).

2) Der Landrat kann als Partei in solchen Angelegenheiten nicht angesehen werden, weil die Parteien im Disziplinarverfahren lediglich der öffentliche Ankläger und der Angeschuldigte sind, event. mußte das Ablehnungsgesuch nach § 62 des L.-V.-G. beim Kreisausschusse angebracht werden. Ist dies versäumt und hat sich der Angeschuldigte in der ersten Instanz auf die Verhandlung eingelassen, so ist in den höheren Instanzen die Nachholung des Versäumten nicht mehr zulässig.

3) Jedem Disziplinarverfahren muß eine förmliche Voruntersuchung vorausgehen, dieselbe ist ein unentbehrlicher Teil des Verfahrens, sie bildet die Grundlage der vorläufigen Feststellung des Thatbestandes für die zu erhebende Anklage. Bloße informatorische Vernehmungen des Angeschuldigten ohne Zuziehung eines Protokollführers können die Voruntersuchung nicht ersetzen.

Nr. 8.

Endurteil des I. Senats vom 21. Januar 1888 (Entsch. Bd. XVI. S. 399).

1) In Fällen, in denen die Erfüllung staatsbürgerlicher Pflichten mit der Dienstpflicht derartig kollidiert, daß die letztere der ersteren zu weichen hat (z. B. die Pflicht zur Erteilung des Unterrichts seitens eines zur Kontrolversammlung beorderten Lehrers), tritt regelmäßig die Anzeige von dem Eintritt solcher Verhinderung an die Stelle des Urlaubsgesuches.

2) Die Anzeige bei dem Vorgesetzten muß aber so zeitig und in einer solchen Form erfolgen, daß derselbe seiner Pflicht genügen, d. h. die Vertretung regeln und vor Allem ermessen kann, ob der unterstellte Beamte sich seinem Amte nicht länger, als unerläßlich nötig, entziehen wolle und demnächst entziehe.

3) Einem disziplinarisch Angeklagten steht Kostenfreiheit bezüglich des Kostenpauschquantums nicht zu.

Nr. 9.

Endurteil des I. Senats vom 17. Dezember 1887 (Entsch. Bd. XVI. S. 404).

Ueber die Frage, ob dem Landrat ein Disziplinarstrafrecht gegen einen Bürgermeister des Kreises als Ortspolizeiverwalter zusteht oder ob dasselbe sachlich zutreffend geübt ist, kann im Verwaltungsstreitverfahren nicht entschieden werden. Hier gelten lediglich die Aufsichts-Beschwerde-Instanzen.

XXIX.

Konflikte.

Nr. 17.

(Einzuschalten auf S. 106 des I. Supplementbandes.)

Endurteil des I. Senats vom 9. November 1887 (Entsch. Bd. XV. S. 439).

1) Ein Bürgermeister, im Begriffe auf dem Rathause einen standesamtlichen Akt aufzunehmen, welcher als solcher geeignet ist, die ungeteilte Aufmerksamkeit des verrichtenden Beamten in Anspruch zu nehmen, hat Anlaß, sich jede Störung fern zu halten, auch wenn dieselbe von einem Gerichtsvollzieher ausgeht. Verläßt der Gerichtsvollzieher, ungeachtet der an ihn ergangenen Aufforderung das Lokal nicht, so macht sich der Bürgermeister einer Ueberschreitung seiner Amtsbefugnisse nicht schuldig, wenn er den Gerichtsvollzieher derb am Arme faßt und ihn trotz Sträubens zur Thür hinausschiebt. Dasselbe gilt von jedem Beamten gegenüber anderen Beamten.

2) Sich gegen unberechtigte Störung seiner dienstlichen Thätigkeit zu schützen und zwar nach den Umständen auch unter Anwendung der ihm bei Ausübung des Hausrechtes zustehenden Gewalt, liegt unbedenklich für jeden Beamten, der sich damit im Stande erhält, seiner Dienstpflichten in vollem Umfange gerecht zu werden, innerhalb seiner Befugnisse.

3) Im vorliegenden Falle kam noch hinzu, daß das Anliegen, welches der Gerichtsvollzieher an den Bürgermeister hatte (Zustellung einer gegen die Stadtgemeinde gerichteten Klage) sehr wohl von einem anderen im Rathause anwesenden städtischen Beamten oder Bediensteten mit Erfolg hätte erledigt werden können.

Nr. 18.

Endurteil des II. Senats vom 22. Oktober 1887 (Entsch.-Bd. XV. S. 443).

1) Wenn die Schulaufsichtsbehörde in Betreff der Ausübung des Züchtigungsrechtes der Lehrer, namentlich hinsichtlich der Anwendung gewisser Strafmittel und Strafarten bestimmte Vorschriften bezw. Verbote erlassen hat, so ist das Zuwiderhandeln gegen diese Bestimmungen und Anweisungen ebenso als Ueberschreitung der Amtsbefugnisse anzusehen, als wenn dieselben auf Grund eines Gesetzes erlassen wären.

2) Die Allerhöchste Kabinetsordre vom 14. Mai 1825 (G.=S. S. 149) steht nach dem Inkrafttreten der Reichsjustizgesetze nicht mehr in Geltung. Seit dem Erlasse des Einführungsgesetzes zum deutschen Gerichtsverfassungsgesetze vom 27. Januar 1877 § 11 erstreckt sich die Entscheidung des Konfliktrichters nicht mehr auf die Frage, ob die Handlung eines Beamten zur gerichtlichen Verfolgung geeignet sei, sie ist vielmehr lediglich auf die Feststellung beschränkt, ob der Beamte einer Ueberschreitung seiner Amtsbefugnisse sich schuldig gemacht hat.

3) Das Züchtigungsrecht des Lehrers ist eine lediglich aus seinem Amte entspringende Befugnis. Dasselbe erstreckt sich zunächst nicht so weit, daß es ihn ermächtigte, innerhalb der Grenzen der elterlichen Zucht alle ihm anvertrauten Kinder nach Belieben zu züchtigen. Wie das Recht dem Lehrer nur zur Erhaltung der Schulzucht, zur Förderung der Unterweisung und Erziehung der Kinder gewährt ist, so wird auch durch diesen Zweck die Zulässigkeit seiner Anordnung und das Maß der letztern bestimmt.

4) Ist der Lehrer lediglich in Folge eines Irrtums in der Beurteilung derjenigen thatsächlichen Verhältnisse, nach welchen die Anwendung der Züchtigung sich bestimmt, zu einer verfehlten Züchtigung veranlaßt, so mag dies wohl Anlaß zu Disziplinarstrafen gegen ihn abgeben können, aber als eine Ueberschreitung der Amtsbefugnisse läßt sich ein derartiger Vorgang nicht auffassen. (Siehe die Endurteile vom 4. und 15. Februar 1882. — Stammwerk S. 459 u. 460, Nr. 4 u. 5, — desgl. vom 16. Juni 1882, — I. Supplementband S. 105, Nr. 15 —).

5) Hat dagegen der Lehrer mit Vorsatz und absichtlich einen Unschuldigen gezüchtigt, absichtlich eine zu dem Verschulden nicht im Verhältnis stehende Strafe verhängt, so hat er nicht in Ausübung des ihm gewährten Züchtigungsrechtes, sondern widerrechtlich, über die durch dessen Zweck bestimmten Grenzen hinaus und somit in Ueberschreitung seiner Amtsbefugnisse gehandelt.

6) Gewisse Spuren (Beulen, Strieme u. s. w.) sind als die Folgen jeder nachdrücklichen körperlichen Züchtigung anzusehen, sie beweisen nichts für die Ueberschreitung der Amtsbefugnisse des züchtigenden Lehrers.

Nr 19.

Endurteil des I. Senats vom 26. November 1887 (Entsch. Bd. XV. S, 453).

1) Das den Lehrern gegenüber ihren Schülern beigelegte Züchtigungsrecht giebt denselben nicht die Befugnis, die ihnen anvertrauten Kinder nach Belieben zu züchtigen. Wie das Recht dem Lehrer nur zur Erhaltung der Schulzucht, zur Förderung der Unterweisung und Erziehung der Kinder gewährt ist, so wird auch durch diesen Zweck die Zulässigkeit seiner Anwendung und das Maß der letzteren bestimmt. Der Lehrer hat in jedem Falle pflichtmäßig zu prüfen, ob ein Verschulden des Kindes und in diesem ein geeigneter Anlaß zur Anwendung der Züchtigung und event. welchen Maßes derselben vorliegt. Gelangt er hierbei auf Grund eines thatsächlichen Irrtums zu einem unrichtigen Entschluß, so liegt darin möglicherweise ein nach pädagogischen Grundsätzen verfehltes und disziplinarisch strafbares Verhalten, nicht aber eine Ueberschreitung der Amtsbefugnisse. Eine solche ist vielmehr erst vorhanden, wenn der Lehrer absichtlich und vorsätzlich eine dem Verschulden des Kindes nicht entsprechende Strafe verhängt.

2) Eine Einschränkung des Züchtigungsrechts der Lehrer kann außer durch gesetzliche Bestimmungen — insbesondere die Kabinetsordre vom 14. Mai 1825 — auch durch Instruktion eingeführt worden, welche die Regierungen in ihrer

Eigenschaft als Schulaufsichtsbehörde erlassen. Eine Ueberschreitung solcher Instruktionen enthält zugleich eine Ueberschreitung der Amtsbefugnisse des Lehrers.

3) Die Schulzucht begreift das Erziehungsrecht in sich. Der Lehrer hat vermöge dessen die Pflicht, über das sittliche Verhalten der Schulkinder auch außer der Schulzeit und dem Schulzimmer zu wachen. Die Schulkinder haben die sittliche Pflicht, dem Lehrer auch äußerlich ihre Achtung zu bezeugen. Der Lehrer ist daher befugt, ein Kind zu strafen, welches ihm auf der Straße absichtlich den Gruß versagt.

Nr. 20.

Endurteil des I. Senats vom 18. Februar 1888 (Entsch. Bd. XVI. S. 408).
(Selbstverw. 1888 S. 77.)

Ein Lehrer macht sich einer Ueberschreitung seiner Amtsbefugnisse schuldig, wenn derselbe gegen Schulkinder, die eine Leistung verweigern, welche der Lehrer zu fordern nicht berechtigt war, eine Züchtigung verhängt.

Nr. 21.

Endurteil des I. Senats vom 17. Oktober 1888 (Entsch. Bd. XVI. S. 412).

Eine Ueberschreitung des amtlichen Züchtigungsrechtes des Lehrers liegt vor, wenn derselbe, entgegen den Instruktionen der Schulaufsichtsbehörde, ein Schulkind dadurch mißhandelt, daß er dasselbe an den Haaren reißt, dasselbe stößt, zerrt, zur Erde wirft, über Tische oder die Bank zieht, an den Ohren oder anderen Körperteilen reißt oder sonst in roher Weise behandelt.

Nr. 22.

Endurteil des I. Senats vom 28. März 1888 (Entsch. Bd. XVI. S. 418).

1) Ein Konflikt kann auch dann schon erhoben werden, wenn eine Privat-Beleidigungsklage dem Beschuldigten auch erst zur Erklärung vorgelegt worden ist, und es ist durchaus nicht erforderlich, daß über die Eröffnung des Hauptverfahrens seitens des Gerichtes schon beschlossen sein müsse.

2) Wenn ein Beamter vor einem Kommissarius seiner vorgesetzten Dienstbehörde eine Aussage abgiebt über Wahrnehmungen, welche er in seiner amtlichen Eigenschaft gemacht hat, so genügt er nur einer ihm durch sein Amt auferlegten Pflicht, und es kann von einer Ueberschreitung seiner amtlichen Befugnisse gar nicht die Rede sein, zumal wenn kein Grund vorliegt zu der Annahme, daß die Angaben wahrheitswidrige gewesen oder wider besseres Wissen abgegeben seien.

Chronologisches Register.

Abkürzungen: E. = Endurteil. V. = Verordnung.

1887.

1888.

1888.

Kreisordnung für Schleswig-Holstein
vom 26. Mai 1888.

1888.

Alphabetisches Register.

Die beigefügten Zahlen verweisen auf die Seiten.

A.

B.

F.

G.

H.

L.

M.

N.

O.

P.

S.

T.

U.

V.

W.

Z.

Druck von Albert Koenig in Guben.

MIX
Papier | Fördert gute Waldnutzung
FSC® C083411

Kolibri 360 GmbH
Ferdinand-Jühlke-Straße 7
99095 Erfurt, Deutschland
produktsicherheit@kolibri360.de